D1194730

Acabar bien

Acabar bien

Cómo hacer frente
a la separacion y al divorcio

Maria Helena Feliu

**Con un prólogo
del doctor Josep Toro**

Plataforma Editorial
Barcelona

Primera edición en Plataforma Editorial,
revisada y actualizada, enero de 2011

© Maria Helena Feliu, 2011
© del prólogo, Josep Toro, 2011
© de la presente edición, Plataforma Editorial, 2011

Plataforma Editorial
c/ Muntaner, 231, 4-1B – 08021 Barcelona
Tel.: (+34) 93 494 79 99 – Fax: (+34) 93 419 23 14
www.plataformaeditorial.com
info@plataformaeditorial.com

Depósito legal: B. 644-2011
ISBN: 978-84-15115-21-2
Printed in Spain – Impreso en España

Diseño de cubierta:
Jesús Coto
jesuscoto.blogspot.com

Fotocomposición:
Serveis Gràfics Rialtex

El papel que se ha utilizado para imprimir este libro proviene
de explotaciones forestales controladas, donde se respetan
los valores ecológicos, sociales y el desarrollo sostenible del bosque.

Impresión:
Reinbook Imprès, S.L.
Sant Boi de Llobregat (Barcelona)

No me gusta
la casa sin tejado,
la ventana sin vidrios.
No me gusta
el día sin trabajo,
ni la noche sin sueño.
No me gusta
el hombre
sin mujer,
ni la mujer
sin hombre.

Contémplate,
hombre o mujer, que nada
te intimide.
En algún sitio
ahora
están esperándote.
Levántate:
tiembla
la luz en las campanas,
nacen
las amapolas,
tienes
que vivir
y amasar
con barro y luz de vida.

Fragmento del poema de Pablo Neruda
«Oda a la pareja»

Índice

Únicamente es posible mover a los seres humanos a cambiar sus acciones si tienen esperanza; y únicamente pueden tener esperanza si tienen visión; y únicamente pueden tener visión si se les muestran alternativas.

ERICH FROMM

Prólogo

Hace ya muchos años, concretamente en 1972, el más relevante de los psiquiatras infantiles europeos vivos, Michael Rutter, en una obra titulada *Maternal deprivation reassessed* («Reconsideración de la privación materna»), ponía de relieve los riesgos que la separación de los padres comporta para la salud mental y el desarrollo psicosocial de sus hijos. Se trataba de algo mil veces sabido y repetido. Pero la aportación fundamental era que el problema no radicaba tanto en el hecho de que el hijo o la hija perdiera a alguno de sus padres en función de la separación conyugal, como en la existencia de **conflicto.**

Sus estudios habían puesto de manifiesto que la salud mental de un niño estándar corría menos riesgos y se adaptaba mejor a la muerte del padre o de la madre que a la separación de los padres. En el primer caso puede experimentar una reacción de duelo, ciertamente, pero la estabilidad posterior de la situación alternativa facilita su adaptación. En la inmensa mayoría de casos de separación de los padres, ésta se produce en un agrio ambiente de conflictividad, que se suele incrementar en el proceso de ruptura y que suele prolongarse bastante tiempo después de consumada la separación. A veces, no termina nunca.

Es el conflicto, especialmente el conflicto persistente, sostenido, el que no permite la adaptación. Se trata de *una situación de estrés* que se ha convertido en crónica y que, por el hecho de serlo, tiende a producir reacciones emocionales anómalas también crónicas: siempre son estados de ansiedad más o menos intensos y con frecuencia también episodios depresivos.

Pero los ingredientes de toda separación hacen que no sea exclusivamente el conflicto conyugal el que resulta estresante. Cualquier cambio exige un esfuerzo de adaptación y este esfuerzo es el núcleo de las reacciones de estrés. Pero en una separación de pareja, los cambios son múltiples: emocionales, de relaciones interpersonales, domiciliarios, escolares, económicos, laborales, etc. El riesgo es, pues, evidente. Y no solo para los hijos, a quienes se considera el eslabón más débil, aunque no forzosamente es así. El conflicto afecta a todos; los cambios, también, incluidos los cambios experimentados por los demás, por aquellos con quien se sigue conviviendo o se está en contacto intermitente.

Se trata de situaciones vitales con frecuencia impregnadas de irracionalidad y siempre de emotividad. En estas circunstancias se requieren dosis máximas de sentido común. Los participantes en la aventura no siempre son capaces de superar las voces de los sentimientos una vez estos se han desatado. Precisan orientación y asesoramiento.

En un momento histórico en que la estructura de la familia tradicional está siendo modificada a pasos agigantados, cuando separaciones y divorcios se multiplican año tras año, cuando aparejamientos y rupturas son tan frecuentes, es más necesario que nunca una inyección de racionalidad. Y eso es lo que pretende *Acabar bien*.

Es cierto que existen en el mercado del libro otras obras dedicadas a dicho tema. También es cierto que muy pocas están actualizadas como ésta y menos aún, con la claridad normativa y el sentido común que se desprende de cada una de sus páginas. A quienes conocemos a la autora, Maria Helena Feliu, no nos sorprende. Es una veterana psicóloga clínica, con una gran experiencia profesional en muchos ámbitos de la salud mental, lo cual le permite situar sus mensajes en un contexto muy amplio. Lo que se percibe leyendo sus páginas es el notable conocimiento práctico de los problemas conyugales adquirido a través de su dilatada y fructífera tarea como terapeuta de pareja.

A quienes tienen miedo de separarse; a los que desean separarse, a los que están a punto de separarse y a los que ya se han separado y tienen asuntos pendientes, a todos ellos creo que va dirigido este libro. Pero los profesionales de la psicología clínica y los múltiples asesores y consejeros legales o no tan legales, que suelen intervenir en separaciones y divorcios, también deberían leer las páginas que siguen. Estoy seguro de que lo agradecerán.

Josep Toro
Profesor Emérito de Psiquiatría y Psicología
(Universidad de Barcelona)
Ex Jefe del Servicio de Psiquiatría y Psicología Infantil y
Juvenil (Hospital Clínic de Barcelona)

Introducción

El número de parejas que deciden separarse ha ido en aumento en las últimas décadas; a pesar de constituir una de las vivencias más traumáticas de la vida y a pesar de que sus efectos negativos perduran durante mucho tiempo.

En el año 2000 la cifra total de separaciones y divorcios en España era de **99.474,** mientras que en el 2006 ascendía a **145.919** (INE). Últimamente se ha observado un leve descenso en las cifras. **106.166** en el año 2009. Es probable que en el 2010 sigan disminuyendo, pero es también probable que ello sea debido en gran parte a la coyuntura económica actual. Lo que sí es cierto es que más de la mitad de las uniones rotas el año pasado tenían hijos menores de edad.

Judith S. Wallerstein y Joan Berlin Kelly, en su libro *Surviving to breakup*, analizaron en profundidad las secuelas derivadas de la separación para los cónyuges y para los hijos de diversas edades, en un estudio que se llevó a cabo durante cinco años con sesenta familias. Las expectativas acerca del daño causado no solo se confirmaron, sino que quedó de manifiesto que éste se prolongaba en el tiempo mucho más de lo que se había pensado inicialmente.

Mientras algunas parejas juzgaban que su vida en común había sido infeliz y desgraciada, los hijos de las mismas no lo habían experimentado de igual forma y no estaban de acuerdo en absoluto con la decisión de los padres.

Cinco años después, muchos adultos, especialmente mujeres, relataban sentirse mejor, haber incrementado su autoestima y poseer un mayor ajuste psicológico, aun cuando sufrieran estrecheces a causa del reajuste económico o tuvieran una jornada muy apretada.

Por el contrario, la mayoría de los adolescentes y niños no consideraban sentirse mejor y de buen grado hubieran regresado a su vida anterior al divorcio. Solo aquellos niños para quienes el divorcio había supuesto la separación de un padre/madre que los rechazara, maltratara o estuviera psicológicamente perturbado/a, se habían sentido mejor y más felices.

Cinco años después, aun cuando hubieran estado más tiempo conviviendo con la madre, seguía siendo importante para la mayoría de los hijos la presencia y el contacto con el padre.

Los niños en edad preescolar parecían haber sufrido temores más intensos que sus hermanos mayores, puesto que disponían de menos estrategias para hacerles frente, y su posibilidad de tranquilizarse estaba más relacionada con la presencia de los padres. La respuesta de los pequeños solía ser más aguda y global.

Asimismo, parece desprenderse de las conclusiones que las niñas se recuperaban más rápidamente que los chicos, aunque la reacción inicial fuera de parecida infelicidad.

No obstante, ninguno de estos hallazgos aportó suficientes datos para deducir si era mejor una u otra edad, o uno u otro sexo, en vistas a determinar en qué momento era más oportuno tomar la decisión de separarse y qué factores podían paliar el impacto sobre los hijos.

Según el estudio, cinco años después, los únicos factores que podían haber contribuido significativamente a un peor o mejor pronóstico a la hora de superar la separación **eran aquellos que estaban relacionados con la calidad de las relaciones entre ambos padres, la calidad de vida posterior al divorcio, las relaciones padres-hijos y la forma en que el divorcio mismo había aliviado a los adultos.**

Dicho estudio se prolongó luego durante cinco años más. Las conclusiones no aportaron datos que se diferenciaran substancialmente de los primeros. Se confirmó empero que las secuelas se prolongaban en el tiempo más de lo que se había pensado.

La edad de los hijos es importante a la hora de anticiparse a sus preguntas y a la hora de prevenir su respuesta al estrés, pero será la capacidad de los padres para acordar aquellas pautas que más favorezcan el mantenimiento del adecuado soporte afectivo y faciliten la satisfacción de las necesidades de los niños, uno de los factores decisivos en su posterior recuperación y también en la de los adultos.

Los padres deben, por tanto, considerar cuidadosamente las consecuencias sociales, económicas y psicológicas de la separación, tanto para ellos como para sus hijos, y en consecuencia deben adoptar aquellas medidas que provean mayor seguridad y bienestar, dando a los niños las explicaciones apropiadas. Obrando así pueden reducir considerablemente el daño que la separación vaya a producirles en todos los sentidos. Y aun cuando los hijos sigan pensando que hubieran preferido que ésta se evitara, más adelante podrán comprenderla mejor y serán más capaces de adoptar posturas de comprensión hacia el sentir de los demás.

Cuando, por el contrario, el divorcio ha constituido una forma de humillación mutua, de incomprensión y de infligir castigo, y estas actitudes continúan prevaleciendo en el tiempo posterior al divorcio, el estrés sufrido por adultos y niños interferirá durante mucho tiempo la recuperación de los mayores y el desarrollo adecuado de los menores, que no podrán hallar ni la seguridad que precisan, ni la estabilidad y el equilibrio emocional necesarios.

Si la separación ha de constituir una salida para muchas personas cuya vida de pareja ha sido agotada, debemos salir al paso de sus secuelas y quienes la llevan a cabo han de tener en cuenta los factores antedichos. Acabar bien significa no solo obrar cuerdamente, sino que constituye la única forma de paliar los efectos emocionales y afectivos, amén de evitar otras consecuencias negativas que tienen lugar cuando se litiga sin fin, como son las económicas.

El sufrimiento de muchos niños y adolescentes a los que he tenido ocasión de conocer, la incomprensión y el poco tacto de algunos padres, pero también el dolor de tantos otros que han intentado una vía razonable sin conseguir la ayuda precisa para ello, me han impulsado a escribir este libro, con la esperanza, no sé si excesiva, de ayudar a que las parejas que deban separarse, mediten seriamente y lo hagan de forma que minimicen las secuelas tanto para sí como para sus hijos, y la separación signifique realmente la oportunidad de cambiar favorablemente su vida.

Valga también como homenaje a todos aquellos que me otorgaron su confianza, me confiaron sus pesares y se esforzaron en obrar justamente, confirmándome que mi pretensión (por otra parte basada en razones empíricas), no era algo imposible, sino algo que podía conseguirse. Me enseñaron mucho y acrecentaron mi fe en el género humano. A todos, gracias.

1. Mi pareja ha dicho que quiere separarse

Es posible que tú seas una de las muchas personas que un buen día han tenido que hacer frente a la petición de su pareja: «¡Quiero separarme!».

De entrada, te muestras atónito/a ante tal petición. ¡No puede ser verdad! Ciertamente las cosas no han sido siempre fáciles. Ha habido discusiones, enfados y algunas amenazas, pero de eso a la separación... ¡Qué barbaridad! La primera reacción ha sido no tomarlo en serio y decirle: «Bueno, ya hablaremos; no es posible que hayas tomado una decisión de este calibre sin contar conmigo, sin avisar y sin que pudiera tan siquiera imaginarlo».

Es muy probable, sobre todo si es ella quien lo plantea, que te responda que no solamente lo había avisado, sino que lo hizo con mucha frecuencia hasta que se hartó de mencionarlo. Había estado diciendo que vuestro matrimonio no funcionaba y que no podíais proseguir así.

En este momento pasan por tu cabeza algunas escenas, disputas, conversaciones a las que quizás no atendiste debidamente, amenazas que no tomaste en serio, recriminaciones, necesidades insatisfechas, peticiones que juzgaste poco importantes, etc.

«¿Qué puede reprocharme?», te preguntas. «Al fin y al cabo he cumplido siempre con mis obligaciones, soy un buen padre, una buena madre. No siempre estoy de un excelente humor. Es cierto que en ocasiones hablo muy poco o quizás no escucho con el adecuado detenimiento algunas cuestiones triviales, pero de esto a imaginar que hemos de separarnos va un abismo.»

No obstante, ella insiste en que lo que tú llamas «cuestiones triviales» eran temas de suma importancia y/o cosas referidas, por ejemplo, a la educación de los hijos, que no es justamente un tema trivial. O intentaba expresarte sus necesidades y sus carencias sin encontrar eco ni comprensión alguna. Al final dejó de comunicar lo que deseaba, dejó de pedir en vano. Según ella, el amor que sentía se ha marchitado totalmente y ya no desea seguir manteniendo esta farsa.

O bien, él dice que «estás muy equivocada si no habías percibido que todo iba mal». Quizás no supo expresar su desazón y su desengaño. De acuerdo, debiera haber sido más explícito. En cualquier caso, ya es tarde. Es demasiado tarde porque está harto de reproches, de gritos, de llantos y de quejas, de mal humor y de críticas. De este mal vivir que le amarga la existencia». «De la poca comprensión acerca de mi trabajo o de mis necesidades.» O «de acuerdo, eres una excelente madre y tienes la casa impecable, pero la vida no es solo esto», y ahora se siente maniatado, amordazado, sin ilusiones; está harto y quiere vivir de otra manera puesto que todavía está a tiempo de ello.

Y cada uno se pregunta si está viviendo de verdad lo que sucede o es una pesadilla. Tu reacción puede recorrer todas las gamas de las diversas emociones. Sentirte tremendamente culpable y arrepentido/a, incomprendido/a y estafado/a, lleno/a de odio y de animadversión, suplicando en nombre del amor que os habíais profesado, amenazando con represalias de todo tipo o poniendo en duda la cordura y el estado de salud mental del otro, dado que su comportamiento es a tu juicio ilógico e irracional. Fruto de los cantos de sirena de los amigos divorciados, o la crisis de los cuarenta que no ha sido bien digerida o «tu familia que nunca pudo verme», etc.

Llegada esta situación, es necesario serenarse e intentar hablar y hacerlo sin el descontrol que las emociones encontradas y los sentimientos heridos implican. En algunas ocasiones hay personas que reaccionan con un mutismo, un silencio acusador, un abatimiento que no les permite manifestarse ni discutir y que deja al otro maniatado y sin saber cómo actuar, porque esperaba cualquier cosa menos esto.

Evidentemente, las reacciones de cada uno dependen:

- De su naturaleza y forma de ser.
- De las expectativas que se hubiera formulado.
- De su creencia acerca de cómo funcionaba la pareja.
- Del grado de dolor que experimenta.

- De la capacidad para afrontar situaciones difíciles, lo que va muy unido a su propia estima y a su percepción de independencia o dependencia en el aspecto que sea.

Intenta tranquilizarte. No salgas disparado/a a contárselo a tu mejor amigo, a tus padres o a tus hijos. Ante todo debéis hablar de forma *equilibrada y calmada*. Por terrible que parezca, los hechos deben afrontarse. Debéis averiguar si ciertamente es esta una situación que expresa una decisión irrevocable o si, por el contrario, es la gota de agua que ha colmado el vaso de la insatisfacción, pero los sentimientos son todavía suficientemente cálidos y existe una cierta disposición a aceptar el cambio de forma realista y a tener en cuenta las peticiones del otro a fin de subsanar los conflictos actuales.

En este último caso, hay que hablar serenamente de todo ello y plantearse una revisión a fondo de los antecedentes y desencadenantes del problema actual.

¿Consultamos a un terapeuta?

La consulta al terapeuta puede ser útil si:

- Ambos estáis de acuerdo.
- Habéis llegado a la conclusión de que vuestros problemas pueden solucionarse, pero necesitáis a alguien que los juzgue de forma objetiva, lejos de las emociones que empañan el criterio.

- Si estáis dispuestos a seguir sus consejos.
- Si no utilizáis la consulta como una forma de justificación. Es decir, si vuestra disposición al cambio es casi nula, pero así os sentís más tranquilos pudiendo afirmar «que ya se ha intentado todo».
- Si vais a ser absolutamente sinceros.
- Si partís de la premisa de que los errores cometidos (que no culpas) os incumben a ambos y que nadie pretende destrozar su vida a propósito.

Si es así el terapeuta puede seros de gran ayuda para:

1. Juzgar debidamente los hechos.
2. Establecer la debida atribución de los mismos.
3. Aconsejar las pautas a seguir.
4. Evitar que se repitan los errores cometidos.

Ciertamente no es sencillo. Hay que recorrer un largo camino; depende de las causas que hayan provocado el conflicto, casi nunca una sola. Dependerá también de vuestra capacidad para borrar el pasado una vez éste os haya explicado el presente. Lo importante es construir el futuro. Del pasado debéis recordar todo aquello que ha sido positivo y que con frecuencia la rutina, los sinsabores, la desilusión y las posibles malinterpretaciones han hecho que olvidárais, pero que no obstante en un tiempo constituyó un importante bagaje para vosotros. Aun ahora, si sois capaces de recordarlo, despojados de rencores y acusaciones, quizás os suscite emociones que ya habíais olvidado. Emociones que al ser evocadas también pueden transformar vuestros actuales pensamientos y actitudes.

Si estáis dispuestos a ello consultad al terapeuta. Si no es posible hacerlo por circunstancias diversas y de verdad queréis reconstruir vuestra pareja:

- Huid de las recriminaciones, de las culpabilizaciones y de las revanchas.
- Analizad a fondo vuestras necesidades y vuestras expectativas. Preguntaos si éstas no han sido en exceso ilusorias y poco realistas.

La pareja es como una planta delicada, necesita ser abonada, recortada, podada, etc. ¿Qué es lo que habéis olvidado?

- Escoged un lugar tranquilo.
- Estableced un tiempo libre.
- Analizad la situación.
- Dejad que el otro se exprese libremente.
- Describid vuestros sentimientos lo más acertadamente posible.
- Utilizad los «mensajes yo». Predisponen mejor al otro. No acuséis, simplemente explicad cómo os sentís. Hablad de vosotros mismos, no de cómo es el otro. Decir «Yo me siento mal cuando creo que no me escuchas, porque deduzco que no te intereso» no es lo mismo que «Tú nunca

escuchas y lo haces porque no te intereso en absoluto». En el primer caso hacéis saber vuestro estado de ánimo; en el segundo etiquetáis, utilizáis términos absolutos y formuláis una atribución, cuando menos arbitraria, del comportamiento del otro. Obviamente, el primer ejemplo predispone mejor al diálogo que el segundo.

- No hagáis interpretaciones.
- Reconoced vuestros errores.
- Cuidad la expresión no verbal. Manteneós cerca. Sed cálidos. No rehuyáis la mirada.
- Trazaos y diseñad nuevos objetivos. Empezad por aquellas cosas que más os disgustan. Definidlas, sed concretos. Modificad las conductas y las costumbres, lentamente y paso a paso.

Recordad

- Estáis tratando de restablecer la relación, no de castigar al otro.
- Los problemas de pareja son siempre cosa de dos, en la medida que sea. Por tanto, os incumbe a los dos la tarea de reconstruir el diálogo, los sentimientos y las expectativas.
- Podéis pensar: «Nunca será como antes». Ciertamente, no; ni tiene por qué ser así. Una relación probada, que ha sabido reconocer todo lo positivo que aún entraña, puede ser incluso mejor que antes, más realista y más fuerte.

No siempre la terapia es el medio para solventar la situación. Puede ocurrir que después de reunir todos los datos y circunstancias que confluyen en el caso, lo aconsejable sea realmente separarse. No obstante, el terapeuta puede ayudaros mucho en el largo proceso de dirimir acuerdos y pactar lo más conveniente. Puede ayudar a afrontar la situación y a generar las estrategias adecuadas para ello, contribuyendo a reducir el impacto emocional.

Si no hay solución porque el otro insiste en que tiene la decisión tomada y no desea revisar nada, ni acudir a un terapeuta, pues habrá que aceptarlo. No puedes seguir al lado de alguien a pesar suyo. Si todo el mundo ha sido sincero y honesto, habrá que afrontar la nueva situación por injusta que parezca.

Los sentimientos en este momento suelen ser encontrados. Por un lado, total disposición a rectificar, reconstruir, por parte de quien no quiere separarse; por el otro, al vislumbrar que es un hecho y no hay solución, se entremezclan el resentimiento, la frustración, el orgullo dañado, el deseo de venganza... En ocasiones se llora, en otras se amenaza, en otras se suplica.

Es una situación inevitable. Según la forma de ser de cada uno se reacciona más en una u otra dirección, pero nadie escapa a la turbulencia de los sentimientos y al dolor que conllevan. Sin embargo, hay que intentar serenarse. Es preciso pactar, y para poder hacerlo precisaréis de toda la serenidad posible, de cierta visión de futuro y de una buena dosis de generosidad por ambas partes. Llegado este momento, huid de las recomendaciones más o menos bien intencionadas de familiares y amigos, de consejos tales cómo: «Te voy a dar la dirección de un abogado que va a dejar a tu marido en calzoncillos»; «Tu mujer se va a enterar de lo que vale un peine»; «Con lo que tú has trabajado, ahora no vas a permitir que se quede con todo»; «Puedes hacerle mucho daño, procura no dejarle ver a los niños»; «Nunca me ha gustado, ¿ves como tenía razón? No es una persona de fiar. Ahora vigila con los pactos, que tú eres muy inocente», etc.

Vamos a ver, ¿de qué se trata? ¿De vengarse? ¿De lastimar? Si es así, sigue esos consejos, pero recuerda que ello incluye gran número de sinsabores, amén del coste económico. No obstante el precio más elevado corre a cargo de la inestabilidad emocional y del desgaste personal que implican, impidiendo que se afronten las nuevas realidades.

Si por el contrario se trata de restaurar una nueva vida, guardar el recuerdo de aquello que hubo de bueno en la relación, vivir sin odio ni rencor, sentirse capaz de seguir adelante y estar contento con uno mismo, entonces abandonad peleas y diatribas, pactad, sed generosos, buscad la ayuda precisa para ello y no lastiméis más vuestro ya maltrecho estado de ánimo.

2. Quiero separarme y no sé cómo plantearlo

Llevas mucho tiempo dándole vueltas. Apenas sabes cómo disimular, pero no quieres seguir así. Deseas separarte pase lo que pase. No obstante te da miedo afrontar la situación.

Si no hay terceras personas de por medio, nadie que se interponga, y simplemente crees que tu amor se ha terminado, reflexiona bien sobre tus sentimientos. Tienes que estar seguro de ellos. No debes confundir el amor con una desazón pasajera o con otros problemas que te acucian. Analiza cuidadosamente qué es lo que ocurre.

Con frecuencia la rutina de cada día y los problemas cotidianos han hecho que olvidemos todo aquello que nos había ilusionado. Lentamente, de forma insidiosa, hemos substituido la pasión, la alegria y la sorpresa por besos rutinarios, abrazos formales, salidas programadas siempre igual y contactos sexuales uniformes. La ternura, el diálogo enriquecedor, los planes aventureros han quedado lejos.

Si a ello añadimos las horas de trabajo, el estrés que muchas profesiones conllevan, la preocupación por mantener un estatus familiar, etc., es posible que la vida que llevamos se nos antoje harto aburrida y carente de sentido. Y llegado este momento, ciertamente hay que introducir los correctivos necesarios para retomar el hilo y reaprender a ser feliz.

En esta situación es muy posible que confundas tu desilusión frente a todo con el desamor hacia la pareja, que muy probablemente a su vez se halla en una situación parecida o cercana, puesto que al menos no recibe de tu parte aquello que esperaba, y sus acercamientos no conducen al lugar deseado. Sin embargo, quizás él/ella está haciendo atribuciones más realistas y sabe que en la actual situación es difícil tener otro género de vida, sin dudar no obstante de su afecto por ti.

Para ser honesto/a contigo mismo/a, debes analizar muy bien las circunstancias y constatar si introduciendo cambios en el sistema de vida y en vuestra relación, renacen algunos sentimientos.

Habitualmente, frente a los hechos de la vida cotidiana generamos pensamientos positivos, negativos o neutros que dependen a su vez, y simultáneamente, de la situación, y esos pensamientos nos suscitan emociones, nos sentimos felices, tristes, desanimados, angustiados, airados, animosos..., depende.

Si, como decíamos, has entrado en una época rutinaria, de mucho trabajo, gran responsabilidad y pocas gratificaciones, es probable que tus pensamientos y juicios sean adversos y las emociones aparejadas a ellos te causen sinsabor. Debes preguntarte entonces si no estás generalizando en exceso la causa de tu malestar; tanto que has decidido que la separación sería lo mejor, puesto que ya no amas a tu pareja.

La introducción de nuevos correctivos supone valorar qué nos había gustado hacer con anterioridad, individualmente y en pareja, qué cosas de él/ella solían agradarnos, qué actividades en común resultaban placenteras, etc.

Es posible que simplemente te hayas olvidado de buscar el tiempo necesario para cultivar tus aficiones personales, aunque sea una sola, y ello haga que te sientas atrapado/a. También es posible que haga mucho tiempo que no os concedáis el uno al otro pequeños gestos de ternura, algunas sorpresas... que no cuidéis vuestro aspecto como antes...

Es importante recapacitar sobre todo ello. Sería bueno hablarlo conjuntamente. Si se crean situaciones distintas, los pensamientos cambian y las emociones también. He visto cómo algunas parejas, tiempo después de separarse, han dicho: «Si hubiéramos sido capaces de algunos cambios, hubiéramos podido seguir juntos, pero nos precipitamos, nos enfadamos y llegó el desastre, no veíamos otra solución», o bien: «Con la mitad del esfuerzo que tuvimos que poner en marcha para separarnos de forma razonable, creo que hubiéramos podido restaurar nuestra relación».

Pero también es cierto que otras personas me han dicho, después de intentar rehacer su vida de pareja: «Lo siento, respeto a mi pareja, es un buen padre/madre, un buen profesional, y no tengo nada contra él/ella como persona, pero no deseo pasar el resto de mi vida a su lado; así de sencillo». Y sé que cuando alguien dice esta frase, sobre todo si es una mujer (en general las mujeres suelen saber expresar mejor cómo se sienten y analizan más sus emociones), pocos remedios terapéuticos pueden esgrimirse. *«La convivencia en una unión desgraciada implica irremediablemente dolor, frustración y angustia, y ningún tipo de lobotomía psicológica hará que este sufrimiento desaparezca.»* (Rojas Marcos, *La pareja rota*).

Pueden modificarse las pautas de comunicación. Podemos aprender cómo resolver problemas, mejores técnicas sexuales, etc., pero no se pueden imponer los sentimientos a nadie. Y no me refiero al «enamoramiento» más o menos fugaz que puede partir de falsas realidades o generar expectativas erróneas, sino al sentimiento de amor, de ternura, de deseo de compartir, a la ilusión de planificar juntos, a la necesidad de prestar y recibir apoyo. Y si éste es un sentimiento sincero y no espera con ello herir o dañar al otro, si por el contrario le duele enormemente el dolor que va a causar, entonces habrá que arbitrar la mejor manera de resolver la situación.

Me he enamorado de otra persona

Bien, esto sucede, puede que te haya ocurrido. No obstante debes analizar ampliamente la situación. «Hace tiempo que no me sentía así», suele decir quien se halla en esta circunstancia. «Creí que no volvería a sentir esto.»

Seguramente es cierto, nadie lo discute. También aquí hay que ser muy honesto. ¿Hace tiempo que tu vida de pareja no funciona? ¿Has intentado comentarlo y poner remedio a la situación? ¿Tu matrimonio no va mal, pero ya no sientes ni el deseo ni la emoción que antes te suscitaba la vida en común? ¿Lo has comentado con él/ella? ¿O bien has callado porque no quieres discutir, el otro no opina lo mismo, o incluso está muy lejos de conocer la situación y cree que todo funciona? Si no le has comunicado tus dudas y temores, es difícil que el otro rectifique espontáneamente.

Ciertamente, al lado de esta otra persona todo es maravilloso, o al menos te lo parece. No obstante, recapacita. En la situación actual, cuando estás con ella o él, cada uno pone lo mejor de sí mismo; no hay problemas sobre finanzas, ni tareas caseras, ni niños que turben el diálogo... Además, la misma clandestinidad de la situación le confiere cierto valor de aventura y de riesgo. Para ser sinceros, deberías imaginar la situación de esta misma pareja envuelta por la rutina diaria, el cansancio y los problemas familiares, es decir, sin maquillaje.

Hay que sopesar también las secuelas que van a derivarse si esta historia continúa. Es posible que la otra persona tenga también sus responsabilidades familiares, hijos... El «enamoramiento» puede obnubilar la dura realidad. Algunas personas lamentan luego haberse precipitado en pos de la felicidad y encontrarse con más problemas y desánimo que antes.

Por ejemplo, no tienen a sus hijos consigo pero han de convivir con los de su actual pareja, con los que no logran sintonizar. O bien han conseguido la custodia de sus hijos, pero su nueva pareja considera que es muy difícil mantener la relación siempre con los críos de por medio. O los problemas que acarrea el ex o la ex de uno de ellos les mantienen en continua zozobra y malestar, etc.

Si, a pesar de todas estas consideraciones, crees que lo honesto es terminar con tu pareja y que, en cualquier caso, acceda el otro o no a iniciar una vida en común, esta persona no constituye algo pasajero para huir de la rutina, ni un capricho, ni la ilusión de «todavía puedo gustar», ni el rechazo de las responsabilidades que hasta ahora te han agobiado; habrás de afrontar la disyuntiva por arduo que parezca. Mejor hacerle frente que montar un sinfín de situaciones engañosas, creadoras de angustia, malestar, culpabilidad y engendradoras de posteriores reproches.

Si tu pareja te pide intentarlo de nuevo, debes saber muy bien lo que deseas. No caigas en el error de iniciar una terapia para justificar más tarde tu alejamiento, diciendo: «No hay nada que hacer». Si de verdad crees que puede ayudarte, no debes jugar a dos barajas. No es posible poner en marcha nuevos comportamientos ni nuevos compromisos mientras sabes que alguien te aguarda.

Es mejor ser absolutamente sincero que, por temor a herir, posponer las decisiones y crear falsas esperanzas en el otro, haciéndole creer que estamos intentando hallar soluciones.

He tenido ocasión de percibir el desengaño, la desolación y la amargura padecida por uno de los dos cuando, iniciada ya una terapia de pareja, el otro acaba confesando que no ha terminado con la relación extraconyugal y que no piensa hacerlo, dando al traste con sus ilusiones y expectativas, y en ocasiones también con su buena fe, lo cual va a ser un escollo para llegar a pactar los acuerdos necesarios.

Si es tu pareja quien ha estado a punto de abandonarte por otra persona y finalmente ha pensado que era un error, facilita el reencuentro. Es lógico que te sientas herido/a, que no comprendas, que te sientas humillado/a. Pero si de verdad deseas rehacer tu unión, lucha por vencer estos sentimientos y decide dar carpetazo a la historia.

He conocido algunas parejas que hubieran logrado proseguir y que han fracasado, porque después de la reconciliación se ha instaurado un diálogo sofocante, inquiriendo en todo momento: «¿Por qué? ¿Cómo es que..? ¿Qué hacíais que no hubiéramos hecho nosotros? ¿Qué te gustó tanto que te hizo olvidar tu deber? Todavía no me has dicho por qué ocurrió. Creo que sigues ocultando algo». Esto es de verdad insoportable y, por mal que nos sintamos, es una situación que no tenemos derecho a infligir a nadie.

Otro error es considerar que «Cómo he perdonado tanto, debo ahora recibir mucho, debe satisfacerme con creces». Bajo esta premisa muchas personas siguen recriminando con su actitud y exigiendo reivindicación. Si esta conducta prosigue en el tiempo, llega a hacerse tan aversiva que el otro se pregunta si hizo bien en querer continuar.

Por tanto, si de verdad deseas rehacer la pareja, sé comprensivo/a. No juzgues. Te podía haber ocurrido a ti. Perdona seriamente. Abandona los deseos de venganza. Debes ayudar si quieres que todo funcione. Y cuando te acucie la angustia, el desánimo, la rabia o la desilusión, habla con alguien que de verdad pueda aconsejarte sin sentirse implicado en la historia, que pueda ser objetivo y que no se sienta obligado/a a darte la razón.

En ocasiones, el miembro de la pareja que se siente abandonado, sobre todo si los conflictos no habían sido evidentes, dice: «Algo le ocurre», «Se ha vuelto loco/a», «No es posible», «Es la crisis de los cuarenta»...

Si bien es cierto que hay situaciones y momentos en la vida que pueden propiciar el desánimo, no siempre el cansancio, la depresión o el estrés son la causa de que la pareja tome una decisión que nos parece equivocada. Debemos ser realistas y aceptar lo que ocurre. Después de haber reflexionado debidamente, si el otro no cambia, hay que dejar que tome su camino. Camino la mayoría de las veces sin retorno, aun cuando estuviera de verdad equivocado/a. Pero esto es algo que él/ella ya debe de saber y ha de tener también en cuenta. Cualquier persona adulta debe poder escoger y es lo que está haciendo.

Recordad

- Debes analizar bien tus sentimientos.
- Hay que considerar las consecuencias, siendo lo más realista posible.
- Si crees que debes rectificar, hazlo.
- No se trata de rehacer la vida «porque estoy arrepentido/a, es muy doloroso, etc.». Se trata de que, «analizando bien

sentimientos, pensamientos y hechos concretos, creo que todavía poseemos algo en común que vale la pena acrecentar y revivir».

- En este caso tu pareja no debe aprovechar la situación para formular demandas imposibles, o hacer pagar toda la vida el desliz que cometiste.

- Si decidís separaros, sed ambos generosos e indulgentes. Mirad hacia adelante. Aligerad trámites y empezad a estructurar vuestra nueva situación.

- Por este mismo motivo, no alimentéis falsas esperanzas e iniciad un nuevo camino sin amargura.

- No se trata de realizar una separación tan amigable que tengáis que veros cada dos días, no; por el contrario, al principio es mejor saber la situación exacta. «Ya no somos pareja, esto ha terminado». No es bueno concebir vanas esperanzas: Quizás más adelante... Deciros: «Vivimos tiempos agradables, pero han terminado. Somos adultos y la vida sigue». Tampoco fomentéis el rencor ni la venganza.

- Huid de los comentarios sugiriendo que deberíais ser menos blandos, más combativos, más litigantes... Casi nunca llevan a buen puerto.

3. ¿Qué hacemos con los hijos? ¿Cómo decírselo?

¿Qué hemos de tener en cuenta?

Una de las cosas más difíciles es comunicar la noticia a vuestros hijos. Es más que probable que ello no les cause la menor alegría.

Habitualmente solo aquellos niños que se han visto sometidos a situaciones de agresión y violencia, más encubierta o más explícita, pero siempre angustiante, se alegran de la separación de los padres. En la mayoría de los casos sufren un gran disgusto. Desde el primer día, de vosotros va a depender que puedan amortiguar este disgusto y afrontar la situación con posibilidades de éxito. Pensad que ninguna de vuestras razones para separaros justifica empeorar la situación. Por ello, ya desde el primer momento debéis tener presentes dos cuestiones fundamentales, que deberéis recordar con frecuencia a fin de reconducir vuestras emociones y las acciones que de ellas se derivan.

1. Seguramente los dos hemos cometido errores, aun cuando haya sido de forma involuntaria. Dichos errores pueden repartirse a tantos por ciento diferentes. Pero si alguien no tiene la más mínima responsabilidad en el problema, estos son nuestros hijos. Por tanto, no sería justo que, encima de sufrir las consecuencias, les obliguemos a tomar partido y a que la relación con uno de nosotros se resienta de ello, con todo el dolor que esto comporta.

2. Muchas veces experimento unas ganas enormes de hacer daño a mi pareja, de hacerle pagar lo que me está haciendo, de vengarme, en suma. Evidentemente podría hacerlo a través de los niños, ya lo creo que sí. Es la mejor forma de herirle, pero... ¿van a salir ellos indemnes? No debo utilizarlos, porque si lo hago, se resentirán de ello y en consecuencia sufrirán un daño irreparable y de consecuencias imprevisibles.

Debéis tener siempre en cuenta estas dos consideraciones. Nunca, nunca, os dejéis llevar por consejos como:

– «No le dejes ver a los niños fácilmente, ponle excusas. Que pague por lo que te ha hecho.»
– «No seas boba» o «Chico, pareces tonto»; «Cuéntales a tus hijos qué clase de persona es su padre (o su madre); es lo que hay y debes ser realista.»
– «Yo los cambiaría de escuela, así le será más difícil irlos a buscar.»

- «Cuando deban irse con él/ella, deberías decirles que es muy triste que quieran pasar el fin de semana con su padre/madre, después de cómo se ha comportado. Ya son mayorcitos, pueden entenderlo.»
- «Ya se lo puedes decir, ya, que si ahora no pueden ir a esquiar o a Inglaterra es gracias a su padre.»
- «Deberías avisarlos de que su madre parece una cosa y es otra, que le gusta mucho salir y no le importa nada dejarlos solos.»

Hay miles de ejemplos y, desgraciadamente, todos reales. Las consecuencias de este tipo de comentarios en el entorno de la pareja son siempre devastadores, creadores de ansiedad y de inseguridad. En estos casos, los hijos no solo han visto cómo su hogar se hundía, sino que además ahora les dicen que no deben confiar en alguien en quien creían y de quien no dudaban, y con frecuencia, si la utilización es recíproca, de mutua descalificación, en ninguno de los dos. Todo ello es un caos devastador que irrumpe súbitamente en sus vidas y las convierte en muy difíciles de sobrellevar.

Ejemplos:

Antonio tiene ocho años. Sus padres llevan separados dos años. Antonio juega en el equipo de básquet de su colegio y es un entusiasta de dicho deporte. En su ciudad va a jugarse un partido importante y le haría una gran ilusión poder ir a verlo. Súbitamente llama su padre y le dice que tiene entradas para dicho encuentro y si podrá pasar a recogerlo para llevarle al campo.

Antonio, radiante, le dice a su madre:

—¡Mamá, mamá! Papá tiene entradas para el básquet. ¿Puede venir a buscarme?

Y mamá responde:

—Al... de tu padre le dices que hasta que no me pague la factura de tu dentista, no vas a ir con él a ninguna parte.

¿Es justo privar al niño de cumplir su ilusión, porque el padre no ha pagado todavía una factura? Su madre cree que se está vengando del padre, pero ¿qué pasa con Antonio? ¿Cómo resolverá su frustración?

Otro ejemplo:

Carlos y Paquita llevan tres años separados. Tienen dos hijos, María de cinco años y David de nueve. Viven con su madre. Unos amigos de la madre les han invitado a pasar el fin de semana con ellos en la finca que poseen cercana a la capital. Los niños están entusiasmados porque los amigos tienen hijos de su edad y además en la finca, que es una casa rural, crían caballos. Solo hay un inconveniente: dicho fin de semana deberían pasarlo con su padre. No lo pueden aplazar para el siguiente, porque entonces la casa rural ya entra en funcionamiento.

David habla con su padre y le solicita un cambio. Pero el padre se niega en redondo:

—Tu madre es una caprichosa que solo quiere fastidiarme. No, esta vez no, no voy a ceder. ¡Que se aguante!

—Pero papá, nos hace mucha ilusión...

Paquita coge el teléfono y discute con Carlos:

—Pero hombre, te lo pido por los niños.

Carlos responde:

—Los niños... los niños. Poco te importaron a la hora de separarte. Haberlo pensado antes. Pasaré a buscarlos como siempre el viernes a las ocho de la tarde, y pobre de ti si no están a punto.

David ha salido disparado hacia su cuarto y llora tendido sobre la cama. Su hermana lo ha visto y quiere consolarle.

También hay ejemplos positivos:

María está separada con dos hijos varones. El padre se enamoró de una compañera del trabajo. Es sábado y los chicos tienen que irse con su padre. Pero protestan:

—Mamá, no queremos ir con papá.

—Pero ¿por qué? –dice su madre–. Porque está con aquella señora que es mala.

—¿Papá es malo? –pregunta la madre.

—Claro que no –responden los chicos.

—Pues entonces, ¿cómo queréis que esté con una mala persona? Venga, no hagáis el remolón que os está esperando.

Por supuesto que la tal señora no es precisamente alguien que suscite la menor simpatía en la madre. Seguramente las emociones que siente hacia ella no son muy amistosas. No obstante, sabe lo que conviene a sus hijos, y lo que les conviene es seguir viendo a su padre y no mezclarlos en litigios que solo pertenecen a los adultos.

En lo que a la educación de los hijos se refiere, ésta es tan importante antes como después de la separación. Seguramente vosotros habéis sido hasta el día de hoy unos padres responsables. Os habéis planteado cómo educarlos y habéis elaborado muchos proyectos a fin de conseguir vuestros propósitos. Os decíais: «Los educaremos en libertad pero con disciplina»; «Hemos de escoger muy bien la escuela»; «Controlaremos cúando y cómo ven la televisión»; «Cuidaremos de su tiempo libre», etc.

Sería por tanto ilógico que ahora, cuando deben afrontar un hecho harto difícil, mandárais a paseo todos los proyectos educativos que considerábais válidos.

Seguramente diréis que no pensáis hacerlo, pero puedo deciros que cada vez que habláis mal del otro, cada vez que tomáis decisiones sin buscar el acuerdo, cada vez que olvidáis las normas seguidas hasta ahora y os dedicáis a «comprar» a vuestro hijo, dándole todo lo que pide, porque «total, por dos días que lo tengo» o «bastante mal lo está pasando ya», interferís negativamente en su educación y le causáis un perjuicio del cual quizás no sois conscientes, pero que es real.

Es muy importante seguir manteniendo las pautas educativas que regían hasta ahora. Huid de la tentación de pensar: «Cuando están conmigo, lo importante es que lo pasen bien; así querrán volver». ¿Y qué pasa con su formación? Ésta es una cuestión clave que obliga por sí sola a mantener el acuerdo entre los padres, a fin de que en cada casa se ejerzan criterios idénticos y se den respuestas parecidas cuando hagan peticiones, pidan ayuda o reclamen privilegios. No puede ser que en un sitio deban recogerse los juguetes y en el otro, no; que en una casa haya que lavarse los dientes y en la otra, no; que hacer los deberes sea importante si están con la madre y no lo sea si están con el padre o al revés; que deba comerse lo que hay en la mesa o que se hagan comidas especiales para ellos. Y un sinfín de ejemplos más.

En algunos casos contenciosos de separación, en los que se discute acerca de la custodia de los hijos, se habla del llamado «**Síndrome de alienación parental**». Este es un término que acuñó en 1985 el profesor de psiquiatría Richard A. Gardner, refiriéndose al proceso por el cual uno de los progenitores utiliza diversos métodos y estrategias a fin de romper el vínculo natural existente entre los hijos y sus padres, y obstaculizar así la buena relación entre ellos hasta convertirla en una relación aversiva u odiosa.

Sería la consecuencia de la exacerbación de las conductas negativas sobre las que hemos alertado y, por tanto, algo muy dañino para el desarrollo del menor, sumido en un mar de contradicciones entre lo que siente, lo que se le dice, lo que desea y lo que le niegan.

Este síndrome, conocido también como **S.A.P., no ha sido reconocido por ninguna institucion médica ni por la O.M.S** y tampoco lo admiten la mayoría de las legislaciones de Europa, ni de Estados Unidos ni del Canadá. En España un informe del Congreso del 10 de noviembre de 2009 recomendaba «la no aceptación del síndrome de alienación parental ni la aplicación de su terapia por parte de los tribunales de justicia, de los organismos públicos ni de los puntos de encuentro».

Evidentemente es cierto que, por desgracia, algunos padres actúan de forma nociva a la hora de facilitar o no las relaciones con sus ex. No sé hasta qué punto son conscientes del daño que inflingen a sus hijos. Es posible que, cegados por la idea de la venganza, solo perciban el daño que hacen al otro/a. Así y todo, en la mayoría de casos los niños no suelen acabar odiando al padre/madre ausente, y sí deseando restablecer la relación con ambos. Si llega a tomar partido, ciertamente, lo más posible es que lo haga por el que se muestra más afectuoso, comprensivo y cercano.

Indudablemente hay casos tristes de malos tratos y/o abusos, negligencia y abandono, que por supuesto salen de la norma promedio y acarrean en los hijos temores, dolor y rechazo, de los cuales deberán ser preservados. En estas situaciones puede ser que la intervención de las instancias jurídicas y/o de salud sea imprescindible.

¿Cúando y cómo hemos de decírselo?

Cuando habléis con ellos es mejor darles las cosas ya hechas; para ellos es doloroso tener que elegir. Por otro lado, su criterio puede ser exclusivamente emocional, sin percibir qué es lo más conveniente. Por tanto, no debéis decirles: «¿Qué queréis hacer?»; «¿Dónde queréis vivir?». Es mucho mejor plantear situaciones ya resueltas, de acuerdo con lo que previamente habréis pactado, que debiera ser lo más conveniente para ellos y su estabilidad. Según la edad, podréis también explicarles la razón de vuestras decisiones.

Sería mejor que hablárais con ellos los dos juntos, porque si lo hacéis por separado es fácil que, muy sutilmente o más abiertamente (sobre todo si uno cree que el otro se equivoca), se digan cosas como estas: «Ya lo veis, vuestro padre/madre ha decidido abandonarnos; ya no me quiere, ya no os quiere. Pasa de nosotros» o «De ahora en adelante vuestra vida será mucho más difícil, y todo por su culpa».

Ningún comentario de este tipo, aun cuando pueda ser más o menos verosímil, va a ayudar a vuestros hijos. Por tanto, desechadlos.

Ponéos de acuerdo acerca de lo que vais a decir y no aticéis el fuego. Si no os veis con ánimo de hacerlo juntos, actuad por separado, retomando el hilo de lo que el otro haya dicho.

Si los hijos tienen edades diferentes, hacedlo en grupos distintos: los más pequeños, los mayores. Los más pequeños pueden sentirse más inseguros; debido a ello precisan de respuestas tranquilizadoras, que rebajen su preocupación.

Ante todo debéis dejar muy claro que, si bien la separación es inevitable, el contacto con ambos padres se mantendrá y será amplio. Haced hincapié en esta cuestión porque no podréis evitar que los hijos, sobre todo si son adolescentes o ya un poco mayores, inquieran, reprochen, supliquen, pidan un esfuerzo o se alineen al lado de quien les parezca más perjudicado.

Debéis preparar respuestas para todas las contingencias, afirmando no obstante que es vuestra decisión y vuestro acuerdo.

Es preciso hablar con ellos de forma simple, tranquilizadora, no ambigua. Es decir, no digáis: «Quizás estaremos separados un tiempo, a ver qué pasa...», pues esto implica que ellos crean que será temporal y generen expectativas de solución. Tampoco: «Las cosas no van muy bien, y quizás un cambio... Iría mejor que durante un tiempo papá/mamá no esté...». Si la decisión tomada es firme habréis de transmitirla como tal.

Debéis dejar muy claro que nada cambia por lo que a vuestro afecto hacia ellos se refiere. Con frecuencia, cuando los niños son pequeños, las frases tipo: «Papá y mamá ya no se quieren»; «Ya no hay amor entre nosotros», les inducen a pensar que quizás un día también se acabe el amor que sentís por ellos. Son víctimas de una gran confusión y pueden llegar a pensar: «Entonces, cualquier día dejan de quererme a mí». Más que nunca ahora precisan la certeza de que el amor de sus padres es algo indiscutible y perdurable. Por tanto, hay que buscar otras fórmulas, por ejemplo: «Papá y mamá creen que ahora es mejor vivir separados»; «Opinamos diferente sobre cosas nuestras (no sobre vosotros) y nos sentiremos mejor viviendo por separado». Ciertamente, esto es difícil, sobre todo porque habitualmente uno de los dos no está nada convencido de que esto sea así. Recordad, empero, que se trata de obtener los mejores resultados, lo que **significa realizar el máximo esfuerzo para conseguir el mínimo sufrimiento por parte de los hijos.** Ser más reivindicativos no es algo que pueda resultar útil.

Una cosa debe quedar muy clara: ellos no tienen nada que ver en vuestra separación; los hijos no son una razón para separarse, por el contrario, son lo mejor que os ha sucedido. Debéis remarcarlo, dado que con frecuencia, si en ocasiones han escuchado frases como esta: «Estos niños, vaya ruido, no se puede vivir en esta casa» o bien «Estoy harta de vuestras peleas y de que no me hagáis ningún caso; ya no sé qué hacer con vosotros», pueden llegar a pensar que son la causa de la ruptura.

Es evidente que, según la edad, las preocupaciones de los hijos ante la separación son distintas. Un niño de cuatro años puede preguntar quién le leerá cuentos por la noche; uno de doce, quién le acompañará al partido de fútbol, y uno de dieciséis, a quién deberá pedir permiso para salir los sábados y regresar tarde. Es importante que hayáis pensado en ello y que tengáis las respuestas adecuadas.

¿Con quién se quedan?

Aun cuando las familias no sean perfectas, la unidad familiar parece ser en muchas culturas la que mejor cubre las necesidades del niño (atención, nutrición, protección, estimulación y afecto) y la que mejor le permite desarrollar sus relaciones personales y afectivas. Es en el seno de la familia donde se modifican y atemperan las necesidades primitivas, la fuente donde se generan los afectos, se modula la agresión y se crea la conciencia moral.

En el momento en que esta unidad está a punto de romperse, deberéis procurarles un ambiente lo más parecido posible al que ya tienen, atendiendo a sus necesidades como siempre y asegurando la estabilidad al máximo, a fin de que puedan mantenerse las normas habituales. Por tanto, habrá que pensar:

• Quién puede cuidarlos mejor en el día a día.
• Quién estará más cerca de la escuela y de sus amigos.
• Quién puede llevar a término mejor estos puntos sin la ayuda y el soporte emocional del otro.

Evidentemente esto implica sinceridad con vosotros mismos, generosidad y antes que nada pensar en el bienestar de los hijos.

Hasta hace muy poco, la legislación otorgaba la guardia y custodia a la madre, en la mayoría de los casos. La patria potestad seguía perteneciendo a ambos. Y es la patria potestad la que incluye las obligaciones más amplias. El progenitor que tiene la guardia y custodia es quien convive con el niño, casi siempre en la vivienda familiar. El padre/madre visitador veía a sus hijos como mínimo un fin de semana cada quince dias. Este es el mínimo que la justicia contempla, a fin de preservar el contacto con el progenitor ausente. No obstante, cada pareja puede pactar lo que desee en vistas a que sus hijos tengan la oportunidad de relacionarse frecuentemente con ambos.

En la actualidad se está planteando la nueva ley de custodia compartida, que desde el año 1996 ya se encuentra en el ordenamiento europeo. La custodia compartida contempla el derecho del menor al trato regular y permanente con el padre y con la madre.

Evidentemente, esto que es justo a todas luces no siempre coincidirá con la mejor decisión para el menor. Depende de muchas circunstancias: de la edad de los niños, de la habilidad de los adultos y el tiempo libre disponible de cada uno, de la cercanía o no de los domicilios respectivos y sobre todo de la capacidad de los padres para acordar aquello que sea más favorable para sus hijos. No debiera tratarse tanto de igualdad de tiempo con cada uno (una semana, un mes, un trimestre), como de la posibilidad real de intervención y responsabilidad compartida en todos los temas concernientes al niño. Los escolares, los educativos, los de salud, el tiempo libre, etc.

Cada caso puede ser distinto y habrá que estudiar a fondo cómo llevar a cabo los pactos más oportunos, favorecedores siempre de lo mejor para los hijos. Si en todo momento es necesario el acuerdo, en el caso de la custodia compartida todavía lo es más. Será la única forma de obviar quejas y críticas. Cosas del día a día tales como: «No me has devuelto la ropa limpia que la niña trajo esta semana a tu casa» ; «Te fuiste de viaje y los dejaste con tus padres, podías haberme avisado» ; «Los días que está contigo no cuidas que haga los deberes»; «Olvidaste ponerle el equipo de gimnasia en la cartera el lunes»...

Según la edad, repartir el tiempo de forma equitativa puede resultar difícil. ¿Tres días con cada uno y fines de semana alternos? ¿Una semana con cada uno? Cuanto más corto el espacio de tiempo, más difícil para mantener el orden y el establecimiento de hábitos en los menores. Los hijos dicen cosas como: «Hoy tengo flauta y la olvidé en casa de mamá»; «Debo hacer un trabajo con el ordenador pero papá no tiene más que su portátil del despacho que yo no puedo usar»; «Estoy invitado a una fiesta de cumpleaños, pero no podré ir porque hoy cambio de casa y estaré demasiado lejos». Habrá, pues, que salir al paso de estos pequeños conflictos.

Por otro lado, si las estancias con cada uno son muy dilatadas, resulta que ya no se cumple el criterio de que vean a ambos con regularidad y frecuencia.

Algunos padres se plantean la posibilidad de que los niños permanezcan en el hogar familiar y sean ellos quienes cambien cada semana, por ejemplo. Esta solución requiere aún más un gran acuerdo; en realidad suele conllevar bastantes desavenencias y algunos sinsabores. Desde cosas triviales a otras de mayor envergadura. Criterios de limpieza del hogar, de provisión de la despensa, de qué personas, amigos, etcétera, puedo invitar y/o llevar a casa. Por otro lado, implica que cada uno de los padres tenga a su vez su propio hogar cuando no está con los hijos, cosa nada fácil.

Si no se logra el acuerdo será el juez quien lo imponga. Pero una custodia compartida sin acuerdo será más una solución salomónica que un beneficio. Los hijos verán a ambos por igual, pero las frecuentes discusiones, las críticas y los impedimentos que los padres se administren, aunque solo sea uno de ellos, distorsionarán todo el proceso de adaptación que los niños han de llevar a cabo.

La custodia es un derecho y un deber. Cuando se discute acerca de la misma, no debiera haber vencedores ni vencidos y un único beneficiario: los hijos. Habrá que individualizar cada caso. Si se mantiene un criterio no solo de justicia, sino de flexibilidad y comprensión mutua, será más fácil hallar soluciones. Si bien es cierto que los niños precisan de unas coordenadas espaciales y temporales que les ayuden a organizarse y a fijar los hábitos básicos de su propia autonomía, también lo es que precisan de la presencia de ambos padres, por tanto, al pactar habrá que minimizar algunos desajustes que comporta vivir en dos hogares en pro del mayor bien que es la convivencia con ambos.

Pero insistimos, las posibilidades de cada uno de los progenitores y la edad y las características de cada uno de los niños requerirán el abordaje de la mejor de las soluciones en cada caso sin intentar aferrarse a la norma de modo exclusivo y preferente, obviando los impedimentos o circunstancias distintos en cada situación. Por ejemplo: uno de los padres viaja mucho; uno de los niños presenta un cuadro de TDAH o tiene algún otro déficit específico, o bien estamos hablando de un bebé, etc. Las necesidades de cada caso pueden ser múltiples y distintas, pero siempre pueden arbitrarse soluciones si se hace el esfuerzo de comprensión y generosidad necesarios.

Los niños debieran sentirse a gusto y cómodos en ambos hogares. Cuidad de su habitación. Debe haber ropa y juguetes en ambas casas. Hay niños viajando eternamente con el pijama y el cepillo de dientes en la cartera o ignorando quién los recogerá al salir de la escuela.

Sobre todo sed justos con los hijos y con vosotros mismos. Algunos padres sacrifican a los hijos llevados por su deseo de venganza, por el rencor, para herir al otro, a quien quisieran apartar del afecto filial, hablando siempre de los defectos y errores del padre/madre ausente.

Otros, en cambio, se ven obligados a soportar todo tipo de humillaciones y desafecciones, y aceptan pactos injustos a la vez que intentan mantener el equilibrio emocional de sus hijos. Ninguna de las dos situaciones es correcta. Es obligación de ambos padres esforzarse para ser ecuánimes consigo mismos, con su pareja y por encima de todo con los hijos. No es honesto aprovecharse de las circunstancias, humillar a la pareja o hacerle aceptar condiciones injustas utilizando a los niños como arma.

Incluso cuando se da el caso desgraciado de que uno de los padres parece haber perdido el interés por los hijos, que pone dificultades o excusas para verlos, que olvida fechas importantes, no es necesario remachar el clavo y ahondar en la evidencia: «Ya os lo decía yo»; «Ya veis qué clase de persona es». Demasiado que ya lo constatarán y bastante que les dolerá; es mejor, pues, paliar la situación, no agrandarla y reducir el impacto.

(En el capítulo 5, «Cómo pactar», se retoma este tema, leedlo).

¿Y si vamos a casa de los abuelos?

A veces, por razones prácticas, con frecuencia económicas, uno de los dos regresa con su familia, por lo menos temporalmente. Los niños van, pues, a casa de los abuelos de forma fija o temporal. Los abuelos juegan aquí un papel crucial, porque pueden aliviar o empeorar la situación.

Es muy probable que los abuelos formulen juicios sobre el padre o la madre de sus nietos, a menudo poco favorables. O bien que manifiesten la pena que sienten por el fracaso del matrimonio. Esto puede expresarse con frases como estas: «Lástima de hijos»; «El loco de vuestro padre»; «La inconsciente de vuestra madre»; «Hoy en día no hay conciencia»; «Pobrecitos míos, no sé por qué os trajeron al mundo», y otras lindezas semejantes.

Ninguna de estas posturas es correcta. Los niños no han de escuchar juicios negativos. Les perturba y les angustia. Tampoco deben ser objeto de lástima. Hay que ayudarles a afrontar la situación con todos los medios disponibles. Evidentemente, suscitar dudas acerca de la manera de ser de los padres o quejarse continuamente en presencia suya no será de ninguna ayuda. Concierne, pues, a los padres avisar a los abuelos sobre la actitud que esperan de ellos y no caer en la tentación de pensar: «Yo no les digo nada, pero si lo hacen los abuelos no puedo evitarlo». Sí que puedes evitarlo, puedes y debes. Es preciso ser asertivo y contundente en la demanda y explicar las razones.

Las reacciones de los niños

Las reacciones de los niños pueden ser menos directas que las de los adultos. Pueden surgir cambios en su comportamiento. Si tienen sensación de pérdida o de privación es posible que manifiesten tristeza, irritabilidad, trastornos del apetito o del sueño, cambios en el rendimiento escolar... Observad, estad atentos a intervenir si creéis que hay motivo, y no es una cosa esporádica o de pocos días.

A veces los críos tienen respuestas sorprendentes, como la de Eduardo, de cinco años, que cuando su padre le dijo: «Mamá y yo discutimos mucho. ¿Qué te parece si yo me voy a vivir con la abuela y tú te quedas aquí con tu madre?», él contestó: «Bueno, si te gusta más vivir con tu madre que con la mía...».

Esta parece ser una respuesta simple, libre de ansiedad, pero ciertamente no era así; horas después, este mismo niño, viendo a uno de sus compañeros de clase que esperaba inquieto a la salida del colegio porque no sabía quién vendría a buscarlo, ni a qué casa iría aquella tarde, dijo: «¡Oh! Esto es terrible, de ahora en adelante esto puede ocurrirme a mí». En ocasiones, pues, aun cuando parezca que no estén afectados o que no han acabado de comprender la situación y se les vea tranquilos, no os engañéis, siempre les resulta doloroso y durante mucho tiempo mantendrán la esperanza de que surja una solución.

Por otro lado, trastornos idénticos tendrán un significado distinto según la edad del niño, su intensidad o la interferencia en su propio desarrollo. No es lo mismo que vuelva a mojar la cama si tiene cinco años que si tiene trece. No es igual que un niño de ocho años no devuelva el cambio a su madre y se compre alguna golosina en el supermercado, que uno de quince robe a sus compañeros de clase o se lleve revistas del quiosco sin pagar. No todas las conductas negativas son señal de alarma, consecuencia de la separación; las hay que también surgen cuando los padres están juntos. Tampoco todos los comportamientos positivos indican que no pasa nada. Muchos niños después de la separación se comportan perfectamente, mejor que antes, en un intento de controlar la situación y quizás para poder conjurar su propio miedo a que ocurra algo más.

Los hijos adolescentes

Para vuestros hijos adolescentes las cosas tampoco van a ser fáciles. En un momento en que buscan su propia identidad y la seguridad frente a un mundo complejo y hostil, su pequeño universo familiar se rompe. Es por ello que hay que mantener la coherencia en los principios y las actitudes. Son menos dependientes en lo que a cuidados físicos concierne, pero siguen siéndolo emocional y financieramente.

Debéis escucharlos, lo precisan; no dejéis empero que os organicen la vida. Contestad todas las preguntas referidas a cuestiones que les afecten directamente: si podrán invitar a amigos en ambas casas; si podrán ir a aquel campamento de verano; quién decidirá si pueden salir «de marcha»; si a partir de ahora quedarán restringidas sus actividades de grupo, de diversión, etc. No respondáis de forma evasiva, diciendo: «Ahora esto no importa, bastantes problemas tenemos» o: «Mira, no nos vengas con tus preocupaciones, no seas egoísta, ya se verá», o frases por el estilo.

No es necesario, en cambio, que profundicéis en vuestras intimidades, en vuestras razones personales, no es necesario dar explicaciones en este sentido, y ellos deben respetarlo. Por otro lado, si con vuestras respuestas constatan que vosotros ya habíais pensado en todo lo que puede afectarlos y lo habéis tenido en cuenta, se sentirán más tranquilos.

Algunos padres caen en la tentación de dejarse ayudar por sus hijos adolescentes. En ocasiones, es como si los hijos pasaran a hacer de padres en un dramático cambio de papeles.

Otros adoptan actitudes cercanas a las de sus hijos. Se visten de forma más informal, incluso utilizan algunas piezas de su ropa: «Mira cómo he adelgazado, ahora me van bien tus tejanos». O bien: «Chico, déjame aquella cazadora tan guapa que tienes».

Se muestran más como colegas que como padres. Pero mantenerse joven, alegre y dinámico no significa que haya que adoptar posturas y modas que ya no proceden y que solo desconciertan.

De hecho, estas actitudes no son recomendables. Los hijos adolescentes no pueden convertirse en cuidadores de los padres, ni cuidar de sus depresiones, ni vigilar su estado de ánimo. Bastante tienen con cuidar de sí mismos; es algo que están aprendiendo y para ello necesitan poder seguir confiando en los adultos y en su criterio. Tampoco les gusta que los padres quieran ser compañeros de grupo. Algunos se sienten ridículos y se avergüenzan ante los amigos, cuando el padre/madre actúa fuera de lugar.

También hay que ser cuidadoso con las nuevas relaciones, si las hay. No hace mucho que los hijos adolescentes han descubierto a sus padres como personas sexuadas. Tener que convivir muy pronto con un padre/madre y su nueva pareja, y tener que contemplar las manifestaciones afectuosas de ambos, sobre todo si son frecuentes y poco discretas, les crea una gran confusión y desconcierto sobre muchas cosas que para ellos son vitales y que todavía no tienen bien resueltas. Por otro lado, no es en absoluto aconsejable introducir a otras personas en la propia vida, hasta pasado un tiempo prudencial.

Os brindo el ejemplo de un caso que traté hace años y que es como un compendio de algunos de los posibles errores mencionados:

Una pareja viene a consultar acerca de una niña de nueve años. El motivo es que ha hecho un mutismo electivo. Apenas habla en la escuela y en casa no dice nada. La niña es hija de ella y su acompañante es su actual pareja. Ella se separó hace apenas año y medio. Pregunto cómo ha aceptado la niña la separación y me responden que «¡Muy bien! ¡Por este lado, ningún problema!». Inquiero si ve a su padre con frecuencia y responden que «Lo legal, cada quince días y en ocasiones, si puede, algún día entre semana».

Quedamos en que veré a la niña en una fecha concreta. En su día, Sandra asiste a la consulta. Entra sola en mi despacho sin problemas. La saludo, me presento y para romper el hielo le digo que vamos a hacer algunos juegos y algunas preguntas, para ver cómo está aprendiendo en la escuela, pero que no se trata de ningún examen. Sandra se muestra como una niña lista, rápida, no solo en tareas viso-manuales, sino que también responde con soltura y fluidez a las cuestiones verbales.

En un momento dado, yo le digo:

—Sandra, trabajas muy bien, y te expresas muy bien. ¿Cómo es que tienes a tu mamá muy preocupada porque dice que en casa no hablas nunca?

La niña me mira inquisitivamente, suspira y dice:

—¡Ay, señora, si yo le contara!

—Cuéntame.

—Pues mire usted, mis padres se separaron y dijeron que lo hacían porque así todos seríamos más felices y estaríamos más contentos. Pero papá se ha tenido que ir de casa y como no tiene dinero suficiente para alquilar un piso, se ha ido a vivir a casa de mi abuela. Yo no lo veo nada contento y a mi abuela tampoco, y cada vez que voy allí, la abuela suspira, me mira y dice: «¡Lástima de criatura. Tu madre no tiene conciencia!». Y en casa, a mamá no la veo muy alegre. Y el señor que ha venido a vivir con nosotras tampoco está nada feliz, porque su señora de antes no le deja ver a su niño, que tiene cuatro años. Y con este panorama, ¿yo qué quieren que les diga?

Evidentemente, sobran comentarios.

Recordad

- Vuestro fracaso como pareja no os invalida como padres.
- Cada uno de vosotros ha de seguir ejerciendo vuestros derechos y vuestros deberes como tales.
- Los hijos precisan de ambos por igual.
- Vuestros hijos no tienen ninguna responsabilidad en el conflicto.
- Hablad con ellos cuando ya hayáis pactado las decisiones a tomar.
- Decidid con quién van a vivir, una vez hayáis contestado a todas las cuestiones referidas, a cómo podrán afrontar ellos mejor los problemas derivados de la ruptura. No busquéis excusas a fin de justificar decisiones que no cumplan los requisitos deseables.
- Adaptad las explicaciones a la edad y forma de ser de cada hijo, pero procurad que sean siempre claras, breves y tranquilizadoras.
- Dejad claro que la ruptura no tiene nada que ver con ellos y que vuestro afecto y vuestro cuidado seguirán siendo los mismos. Es algo seguro e incuestionable.
- Evitad en todo momento las quejas, los reproches entre la pareja, y ofreced soluciones justas.
- Dejad la puerta abierta a nuevas preguntas, en otros momentos será preciso retomar el hilo y tranquilizar de nuevo sobre dudas y posibles temores.
- Bajo ningún concepto debéis deteriorar la imagen del otro. Causaréis un daño irreparable, que a la larga puede incluso volverse en contra vuestra.

- Mantened las pautas educativas que habíais aplicado hasta ahora.
- Nunca utilicéis a los hijos para haceros daño mutuamente ni para obtener ventajas.
- No permitáis que los hijos, con el deseo de ayudaros, asuman un papel que no les corresponde.

Nota: En la actualidad, el juez puede citar a los hijos a partir de los doce años para hablar con ellos sobre los acuerdos que han tomado los padres. Esto suele ocurrir si el juez observa que dichos acuerdos pueden ser lesivos para ellos o que no son bastante coherentes. Es importante, pues, que los acuerdos tengan las características que hemos mencionado y que los hijos conozcan los motivos que os han decidido a adoptarlos.

4. ¿Qué va a ocurrir con nuestras familias? ¿Cómo comunicárselo?

Es conveniente preparar la entrevista con las respectivas familias, suponiendo que uno de los dos o los dos no hayan salido corriendo a contarlo el día que se planteó la situación. Si no ha sido así, pues mejor. Las cosas dichas en el momento emocional más impremeditado casi siempre pueden encubrir muchos errores.

Cómo vayan a responder las familias depende de muchas cosas: de la edad que tengan los padres, del tiempo que lleveis juntos, del grado y tipo de relación sostenida, de que tengáis hijos o no, de sus ideas y expectativas sobre la pareja...; de tantas y tantas circunstancias, aunque en general los padres van a sentirse disgustados por varios motivos. Ante todo porque creen que aquel hijo que imaginaban «feliz» ya no va a serlo o así se lo parece. Por otro lado, si hay niños les dolerá terriblemente lo que vaya a ocurrir con estos y las consecuencias que van a derivarse. Si las relaciones con el yerno/nuera eran de verdadero afecto, la separación va a constituir también para ellos una pérdida, aun cuando se mantenga cierto grado de contacto. Cada uno conoce bien a su familia y sabrá cómo debe exponerles la situación. En algunos casos podéis hacerlo conjuntamente, pero la mayoría de las veces no es aconsejable que sea así por razones obvias. Por ejemplo, pueden agudizarse ciertos resentimientos, herirse susceptibilidades, resucitar viejas discusiones... Es mejor que cada uno hable con los suyos, lo cual no significa que ya no deba haber ningún contacto con la familia política; esto depende en gran manera de cada caso. Parece lógico considerar que si ha habido una buena relación, esta no deba desaparecer de golpe. Si hay hijos, ellos seguirán siendo los abuelos y es posible que alguna vez hayas de acompañarlos a su casa, o ellos vengan a verlos porque han enfermado, etc.

Que no se rompan las relaciones de manera violenta no significa, sin embargo, que debáis mantener el mismo tipo de contacto. Los padres, al igual que los hijos, tampoco deben generar falsas expectativas. Es mejor poner límites y dar por terminada la historia, exceptuando casos en que el estado de salud o de vejez de los abuelos aconseje otra táctica.

Si ellos ignoran lo que ocurre, esperad a comunicárselo hasta que vosotros hayáis hablado largamente y vuestra decisión esté ya tomada. Evitaréis sufrimiento e interferencias, no siempre positivas, aun cuando estén cargadas de las mejores intenciones. Salid al paso de sus preguntas y de sus dudas, contad vuestros planes, pero no dejéis que os organicen la vida en un deseo muy humano de proteger «a los suyos».

Ocurre con frecuencia que si tienes una muy buena relación con los suegros y la pareja ha decidido romper la unión, y además lo ha hecho porque se ha enamorado de otro/a, uno arde en deseos de ir a contarles qué clase de persona es su hijo/a, para que se enteren, se compadezcan de uno, le hagan reflexionar, se resientan, se enfaden, intercedan... ¡Vaya usted a saber! De todo un poco. Luego se le puede echar en cara a la pareja: «¡Menudo disgusto se han llevado tus padres!»; «¡Pobrecitos, se han quedado horrorizados!»; «¡Dudo que quieran conocer nunca a la lagarta de tu amiga, o al seductor de tu amigo!»; «¡Tu padre sobre todo se moría de vergüenza! ¡Él siempre tan recto!».

Si la relación no es tan buena, es posible que les hayas herido igualmente, pero que a su vez te hayan dicho: «Si tú no fueras como eres no habría ocurrido»; «Mi hijo/a nunca ha sido feliz contigo», o algo semejante, y eso te ha confirmado en la idea de que «Nunca me han querido/Nunca les he gustado».

En ambos casos no habrás sacado ningún tipo de provecho, nada que te ayude de verdad, porque si tus suegros te han apoyado, bien, quizás eso te confirme que tú tienes razón y que la ruptura es un disparate según tú crees. Pero si es definitivo deberás aceptarlo igualmente, sea disparate o no, y todo ello habrá retrasado la posibilidad de que sea así. Además, habrás propiciado enfrentamientos padres-hijo/a que pueden ir más allá del simple asesoramiento. No te engañes, sin embargo; a la larga la familia, salvando excepciones de casos extremos, acaba cerrando filas alrededor de los suyos, por mucho que comprenda y se lamente. Esta es otra realidad que debes asumir.

Y en lo que afecta a tu propia familia, es lógico que busques comprensión y consuelo, pero no debes dejar que retrocedan en su función de padres, tratándote como a alguien de quien vuelven a asumir la responsabilidad. La responsabilidad es tuya. Su soporte ciertamente te ayudará, pero ni te excedas ni dejes que se excedan.

Además, en muchas ocasiones no es justo cargar sobre las espaldas de los padres, que ya tuvieron sus momentos díficiles, tanta aflicción, tantos problemas, como si empezaran de nuevo. Es lógico que te ofrezcan sus recursos morales, afectivos y materiales. Acéptalos, pero no más allá de lo que precises; no tanto que te impidan levantar el ánimo, moverte por ti mismo/a, ejercer nuevas habilidades, etc.

Por el bien de vuestros hijos, cuando los haya, no carguéis las tintas acerca de vuestra pareja cuando habléis de ella a la familia. Podéis crear rencores y reticencias que incrementen las que naturalmente puedan ya sentir y que, en vez de aminorar con el tiempo, aumenten. Esto puede traducirse en comentarios y actitudes ante los nietos que sean poco aconsejables, amén de recriminarte «por haber sido tan poco inteligente al escoger a tu pareja», «por no haber hecho caso antes», «por haberte comportado así o asá»... En resumen, nada que te ayude.

Recordad

- Evitad hablar precipitadamente con los familiares. Hacedlo lo más sosegadamente posible. Infundidles ánimo en el sentido de que la situación se está manejando debidamente.

- No dejéis que organicen vuestra vida. Los padres tienden a ofrecer soluciones inmediatas: «¡Ven a vivir aquí!»; «Ya cuidaremos de los niños, tú distráete»... Las ayudas deben ser sopesadas, que sean útiles, no invalidantes.

- Por muy amigos que hayáis sido, mantened los límites y distancias con la familia de vuestros cónyuges, sobre todo al principio. Sostened el mismo ritmo y la misma rutina, por ejemplo: «Los lunes voy a comer con ellos; los sábados, de compras con mi suegra; mi suegro y yo jugamos un partido los miércoles...» no es adaptativo. Puedes conservar una buena relación, pero hay que ser realista.

5. Cómo pactar

«Si las palabras caen en el deterioro, ¿qué las sustituirá? Son todo lo que tenemos.»

TONY JUDT

Llegar a conseguir los acuerdos adecuados es una labor ardua y difícil. No obstante es muy importante establecer pactos aceptables para ambos. Unos pactos que impliquen la posibilidad de seguir adelante sin sentirse absolutamente maltratado o estafado; unos pactos que faciliten vuestra labor cómo padre y madre; unos pactos suficientemente sopesados de forma que no tengan que ser revisados de continuo, con la consiguiente algarada de pasos judiciales.

Tendréis que acordar puntos muy importantes: los niños, la casa, los bienes que contiene, la economía... Ojalá seáis capaces de hacerlo con la suficiente generosidad, visión de futuro y capacidad de resolución de problemas. Si es así, bastará con que, una vez pergueñado el esbozo del convenio regulador, recurráis a la ayuda de un abogado que redacte en la forma jurídica al uso aquello que vosotros habéis decidido.

Si no os veis capaces de ello, podéis solicitar la mediación de la persona competente en estos asuntos. Si creéis que no va a ser posible trabajar con un único abogado y que es mejor que cada miembro de la pareja tenga el suyo, dejad que estos se pongan de acuerdo, pero mantened aquello que deseáis huyendo de la venganza y de la idea de que el otro «debe pagar por lo que me está haciendo». Ya hemos hablado en otros capítulos de no dejarse influir por las voces que dan consejos no siempre bien intencionados. Poned en marcha todas las estrategias posibles de solución de problemas (ver Apéndice 2).

Discutid solo un punto cada vez, y si este es muy complejo subdividido en apartados; por ejemplo, con quién se quedan los hijos, días de visita, qué aportación económica es precisa para mantenerlos o educarlos, contactos con la escuela, etc. Todo esto podría entrar a formar parte del capítulo «hijos».

Por supuesto que el capítulo «hijos» es un tema clave. Ya hemos hablado anteriormente de la necesidad de ejercer la generosidad y la flexibilidad, y sobre todo de pensar primordialmente en su bienestar.

Salvo contadas excepciones, los hijos suelen confiarse a la madre, sobre todo si son pequeños. Hay razones que lo justifican, pero cada vez es más frecuente que los padres critiquen o no acepten esta solución. De entrada, mientras que a las madres les produce sensación de seguridad y de ayuda saber que van a tener a los hijos consigo, los padres se lamentan porque temen perder toda influencia sobre ellos.

Es trágico ver a madres agobiadas combinando trabajo fuera y dentro de casa, y afrontando solas la educación de los hijos, sin tiempo para replantearse nada ni para encauzar su vida, renunciando a salidas, contactos con amigos, etc.

Y no es menos trágico oír lamentarse paralelamente a muchos padres de que su papel ha quedado relegado a la firma del cheque, que ven a sus hijos muy distanciadamente y que tienen la impresión de que no pintan nada en su vida.

Si esto es así significa que en su momento los padres no supieron pactar debidamente acerca de ellos. Y ahora, mientras uno sufre un exceso de agobio y de responsabilidades, el otro se siente herido en lo más profundo, estafado e impotente para cambiar la situación.

Los niños suelen relatar cosas espeluznantes: «Tengo muchas ganas de ver a papá, pero mamá dice que no puedo ir hasta que no pague lo que debe«; «Echo de menos a papá, pero no me dejan verlo porque está con una señora muy mala, una furcia»; «Papá me da recados para mamá y ella se enfada cuando se lo digo, pero ellos no pueden hablar por teléfono porque se insultan, gritan, mamá llora...»; «No sé por qué estoy aquí (en la consulta), deberías ayudar a mis padres, ellos sí que están mal. Se separaron para ser más felices y yo los veo fatal».

Aunque os duela, aunque creáis que el otro no lo merece, aunque penséis que va a ser horrible dejar de verlos cada día, o que no podréis soportar verlos marchar el fin de semana, *pactad, pactad y pactad*. Y cuando pactéis tened en cuenta el bienestar y las necesidades de vuestros hijos... Pueden arbitrarse muchas fórmulas para que el padre visitador no pierda el contacto, pueda seguir interesándose por ellos y pueda verlos crecer, responder a sus preguntas y sentirse implicado en su educación.

A la postre, lo que va a contar será la calidad y no la cantidad de tiempo que paséis junto a vuestros hijos. Ya sé que muchas madres dicen: «¡Pero si cuando estaba en casa no se ocupaba de nada referente a los niños!». Puede que sea cierto, y de hecho confiaba en que ya lo hacías tú y estaba de acuerdo en cómo lo solucionabas. No te engañes, no obstante. La separación hace que muchos padres rectifiquen sus errores en este sentido y descubran cuánto les importan sus hijos. Entonces empiezan a ejercer nuevas habilidades de todo orden y ejecutan acciones que antes no se les habían ocurrido.

Además de ser beneficioso para los niños, a la larga la actitud conciliadora os ayudará a vosotros mismos. Vuestros hijos superarán mejor el trauma de la separación y esto os tranquilizará. Cada uno podrá disponer de cierta cantidad de tiempo libre para sí mismo. Haber logrado este objetivo os hará sentir bien y os dará mayor seguridad. No todo se ha perdido en lo que fue vuestra relación. Los hijos están ahí y tienen lo que necesitan. Nadie les ha abandonado.

Es evidente que a mayor bienestar económico, más fácil es resolver algunos problemas. Muy posiblemente el actual descenso en las separaciones se deba a las dificultades pecuniarias que la crisis ha aumentado. Pero no nos engañemos, he visto cómo familias muy bien situadas dilapidaban su patrimonio en juicios y más juicios, demandas y más demandas, recursos, peritajes... Mientras, los conflictos emocionales, personales, quedaban sin resolver. Si fuéramos a mirar, son muy pocos los casos en los que por la gravedad e índole del problema es necesario recurrir a la justicia. Son casos de malos tratos, abusos... Salvando estas situaciones, en las circunstancias habituales pueden encontrarse vías más pacíficas (y más baratas) de solución.

Tendréis que pactar sobre la vivienda, los enseres... La vivienda puede ser de propiedad o de alquiler. Si os pertenece a ambos, podéis arbitrar diversas medidas; uno de los dos compra su parte al otro, o vendéis la vivienda y repartís el dinero de forma equitativa...

Este es un tema que puede ser muy espinoso y difícil de pactar. Con mucha frecuencia, la vivienda no está pagada todavía, por tanto, hay que seguir haciendo frente a la hipoteca. O en el caso de venderla habrá que descontar el coste de lo que todavía se adeuda.

El artículo 96 del Código Civil señala: «**En defecto de acuerdo de los cónyugues aprobado por el juez, el uso de la vivienda familiar y de los objetos de uso ordinario en ella corresponden a los hijos y al cónyugue en cuya compañía queden. Cuando alguno de los hijos quede en la compañía de uno y los restantes en la del otro, el juez resolverá lo procedente**».

Este es uno de los puntos de más difícil acuerdo y, dado que el código no señala la duración, quien ostenta la guardia y custodia suele mantener la vivienda hasta que los hijos se van de casa. Solo las Comunidades de Aragón y Cataluña han establecido modificaciones respecto al tiempo de duración del uso y disfrute de la casa común, tratando de evitar la patente desigualdad en una gran mayoría de casos.

Se dan situaciones en las que los sueldos que aunados permitían un cierto grado de desahogo, al separarse introducen situaciones de precariedad.

Por ejemplo: una pareja, universitarios ambos, con un buen sueldo. Se compraron una vivienda en la zona residencial de la ciudad, la casa de sus sueños: piscina, jardín, etc. Con la separación, ella ostenta la custodia de los hijos y por ende el disfrute de la casa todavía pendiente de varias cuotas hipotecarias. A pesar de que los emolumentos del marido no son nada despreciables, una vez ha pagado manutención y colegio de los niños (que asisten a un colegio privado de elite), su parte de la hipoteca y su parte de la cuota de mantenimiento de los propietarios de la finca para el sostén de la zona común, más el alquiler de su nuevo domicilio y los gastos de la nueva casa, apenas le quedan unos euros para subsistir.

Hay varias consideraciones a hacer:

- ¿Qué es lo primordial? ¿Que los niños sigan disfrutando de las mismas comodidades mientras su padre malvive?
- ¿Que su padre no pueda ni llevarles al zoo dadas sus escasas posibilidades?
- ¿No debiera haberse pactado de forma más justa y equitativa, aun cuando ello comportara la venta de la vivienda?

- ¿Pueden mantenerse buenas relaciones entre los padres, cuando uno de ellos se siente expoliado? ¿Quién va a sufrir más por ello? Por supuesto los hijos van a ser quienes acusen mayoritariamente las diferencias. Y en cualquier caso, no se les habrá ofrecido un modelo de conciliación justo, como ejemplo a seguir.

Hemos visto un caso en el que la pareja gozaba de desahogo económico, pero para muchos, los ingresos comunes no son precisamente holgados y con la separación el margen de maniobra se reduce ostensiblemente. Debido a ello habrá que pactar todavía con más flexibilidad y menores exigencias.

La limitación temporal del uso de la vivienda común solucionaría muchos casos, en los que carentes de dinero para un alquiler, uno de los dos no tiene otro remedio que regresar a casa de los padres. Esto es lo que se contempla en Aragón y Cataluña.

Artículo 233-20, ley catalana: «Si no hay acuerdo o este no es aprobado, la autoridad judicial ha de atribuir el uso de la vivienda familiar preferentemente al progenitor a quien corresponda la guardia de los hijos mientras dure esta (...). La atribución del uso de la vivienda a uno de los cónyugues se ha de hacer con carácter temporal y es susceptible de prórroga también temporal».

Y la ley aragonesa dice en el Artículo 7: «En los casos de custodia compartida, el uso de la vivienda familiar se atribuirá al progenitor que, por razones objetivas, tenga más dificultad de acceso a una vivienda y, en su defecto, se decidirá por el juez el destino de la vivienda (...). La atribución del uso de la vivienda familiar a uno de los progenitores debe tener una limitación temporal que, a falta de acuerdo, fijará el juez».

Por supuesto que al pactar debéis considerar la situación de cada uno, la edad, los recursos, el tipo de trabajo. La ley desconoce estos términos, no desciende a la casuística individual. Pero vosotros si podéis y debéis contemplarlos y tenerlos en cuenta.

Negociar adecuadamente requiere honestidad. No es posible si se actúa perversamente. Si hay malas intenciones, la ley no resulta siempre protectora.

Por ejemplo: Teresa y Carlos compraron una vivienda entre ambos. Carlos tenía un negocio prometedor y todo parecía ir viento en popa. Unos años después, Carlos se enamoró de otra mujer, el negocio parecía no funcionar y lo cerró. La vivienda no estaba pagada del todo y en ella permaneció Teresa con sus tres hijos. Muy pronto, Carlos alegó que no podía pagar su parte de la hipoteca y más adelante empezó a retrasarse en el pago de la pensión alimenticia. Teresa reclamó, pero Carlos argüía que no tenía dinero. De hecho, había montado nuevos negocios, pero él no constaba como propietario ni socio en ninguno de ellos y, al no ser asalariado, legalmente no tenía ingresos y aparecía como insolvente, con lo cual las demandas judiciales resultaban inútiles. Tardó mucho tiempo en avenirse a negociar y afrontar sus responsabilidades, mientras Teresa pasaba múltiples privaciones para cuando menos atender a sus hijos.

Es evidente que para poder pactar se precisa flexibilidad, deseo de obrar justamente y ante todo honestidad.

Y ademas hay que saber batallar con las propias emociones, procesarlas adecuadamente, a fin de que no le ganen a uno la partida. ¡Es tan humano sentirse humillado, enfurecido, menospreciado, injustamente tratado! ¡Hay tantas situaciones que propician dichos estados de ánimo! En muchos casos, éstas son las emociones que embargan a los protagonistas de la separación y, con frecuencia, hay razones objetivas para que sea así. No obstante habrá que procurar que el rencor, el deseo de venganza, el orgullo herido no den al traste con la capacidad de negociación. Para ello hay que pensar en el futuro, en el de vuestros hijos si los hay y en el vuestro.

En lo que afecta a los hijos, ya hemos hablado de la necesidad de preservarlos de batallas y diatribas entre vosotros, situaciones que les angustian sobremanera.

Pensad que si alguno de vuestros hijos sufriera una enfermedad grave, recurriríais a todos los medios a vuestro alcance para hallar soluciones: médicos especialistas, ayudas de todo tipo y por supuesto el apoyo y la colaboración de su padre/madre sería en estos momentos un gran alivio.

¿Por qué, en cambio, en un momento en que su estabilidad emocional y su equilibrio afectivo está en juego y va a afectar seriamente su evolución psicológica en el futuro, tantos padres (que por supuesto aman a sus hijos) son incapaces de obrar de la forma adecuada? ¿Por qué no pueden soslayar sus propias quejas, olvidar injurias y rencores, y pactar lo más justo y adecuado?

Si no tenéis hijos, los pactos son más fáciles. No nos engañemos, no obstante, dado que hay muchas parejas que siguen litigando, pero si sois capaces de gestionar vuestras emociones también favoreceréis que en un futuro podáis sentiros libres de ira, amargura y rencor. Ello os ayudará a afrontar el porvenir con mejor disposición. Es un trabajo arduo, lento, pero no imposible y los beneficios a largo plazo serán muy positivos para vuestra salud mental.

Alberto y Paquita se separaron después de 23 años de matrimonio. Tenían tres hijos ya mayores de edad; el más pequeño acababa de cumplir los dieciocho. Hacía mucho tiempo que Paquita opinaba que su relación estaba rota. No había comunicación suficiente, no se ponían de acuerdo en casi nada. Las discusiones eran frecuentes y nunca se resolvían de forma positiva, con lo cual se amontonaban los agravios y la chispa saltaba con facilidad.

Paquita decidió separarse. Consultó a un abogado, le explicó que razonar con su esposo era muy difícil y que por tanto no quería pactar.

Alberto recibió la citación al juzgado sin tiempo para justificar nada ni intentar replanteamiento alguno.

Paquita se quedó en el piso y los tres hijos, con ella. Inicialmente habían decidido no inmiscuirse en la situación, pero tras sus ruegos optaron por posicionarse al lado de la madre.

Las secuelas del juicio fueron largas. Se arbitró una pensión para Paquita, pero se consideró que dado que los hijos eran mayores de edad la pensión correspondiente era muy ínfima. Se recurrió este aspecto. Más enfrentamientos padre/hijos. Las cosas siguieron así durante años. Recursos por impago. Recursos por retraso en las pensiones, etc.

Paquita y Alberto no hablaron nunca más. Uno de los hijos se casó. Asistieron ambos, pero alejados el uno del otro.

A medida que se hicieron mayores los hijos lamentaron cómo había transcurrido la situación y el distanciamiento de su padre. Buscaron entonces fórmulas de acercamiento, al menos dos de ellos recurrieron a la ayuda psicológica para superar su sensación de culpabilidad. Lentamente rehicieron la relación con su padre. A veces culpabilizaban a la madre, quien se había dejado guiar por consejos poco oportunos.

En resumen, un sinfín de gastos y sinsabores que bien podrían haberse evitado, dado que no se trataba de ningún caso en el que la ayuda judicial fuera pertinente. Y sobre todo, lo más doloroso, unos hijos alejados de su padre y unos padres que jamás volvieron a mirarse a la cara.

En lo que afecta a los enseres, no es tan importante que la partición sea económicamente justa como que se tengan en cuenta las aficiones y sentimientos de cada uno. La colección de discos, la de sellos, los libros preferidos, tus/sus maquetas, por ejemplo, pueden tener un valor muy superior emocionalmente hablando. Evitad haceros chantaje con estas pequeñas cosas. No inventéis triquiñuelas para que el otro se vea despojado/a totalmente de las cosas que aprecia.

En ocasiones uno de los dos, sobre todo si es quien ha propiciado la separación, dice: «Puedes quedarte con todo». «Faltaría más» es la respuesta. A la larga, ¿vas a sentirte mejor porque le hayas privado de llevarse consigo algunas de las cosas que constituían sus raíces, sus recuerdos, sus momentos felices? Hay quien no cede ¡ni con las fotografías! Aunque la venganza sea el placer de los dioses, ciertamente es un placer amargo... y mezquino.

Haced pactos que puedan persistir y requieran pocas modificaciones, no vayan a ser motivo de litigio más adelante. Adecuad los aspectos económicos. Ejerced también aquí todas las estrategias posibles de solución de problemas. Las fórmulas pueden ser diversas. Lo que hay que tener en cuenta es que:

1. Sean viables.
2. Favorezcan el mantenimiento de las necesidades de los niños.
3. Os permitan a ambos afrontar el futuro sin demasiadas estrecheces.

En lo que afecta a la pensión de los hijos, podéis fijar una cantidad de acuerdo con sus necesidades. Esta cantidad puede decidirse en base al sueldo y emolumentos que cada uno reciba. También puede crearse una cuenta para los niños, a la que cada uno aporte una determinada cantidad proporcional a lo que gana y a los gastos que deba asumir.

En cuanto a la pensión compensatoria (casi siempre para la mujer, lo cual es justo si no tiene otro medio de subsistencia), si tiene un trabajo, habrá que considerar si a pesar de ello precisa de cierta cantidad como ayuda. Si el sueldo es bueno, la pensión compensatoria puede ser denegada, o puede no ser solicitada, o serlo solo temporalmente.

Hay que arbitrar qué se hace con las cuentas comunes, el coche o los coches, la segunda residencia, los créditos, las hipotecas, etc.

Pedid consejo y ayuda. Solicitad arbitraje si os veis incapaces de llegar a acuerdos. Cortad las discusiones. No os hagáis más daño.

Personas dedicadas a la mediación familiar constatan que aquellos acuerdos que han sido tomados por la pareja, aquellos que ellos han aceptado libremente, con ayuda muchas veces pero sin imposiciones ni coacciones, son los que suelen mantenerse en el tiempo. Mientras que los obtenidos ante la amenaza de la vía judicial con mayor frecuencia dejan de respetarse. Vuestro o vuestros abogados no solo pondrán en términos legales vuestras decisiones, sino que os orientarán acerca de qué propuestas son viables y cuáles no van a ser aceptadas por el juez, porque se entiende que son perjudiciales para los niños o implican detrimento excesivo para uno de los dos.

Muchas personas pueden pensar que esto no es posible. Puede que os digáis: «Nadie que está en proceso de separación puede estar suficientemente sereno para lograrlo». Es arduo, es difícil, pero no imposible. He ayudado a varias parejas a lograrlo y puedo afirmar que nunca se han lamentado de haberlo hecho. Y aun cuando alguien te diga que has sido tonto/a, que podías haber sacado mayor partido de la situación, que no debías dejar que se quedara con el coche nuevo..., no te arrepientas de haber podido llegar a un acuerdo; es el mejor final, sin duda alguna.

Recordad

- Debéis intentar pactar todo: niños, vivienda, acuerdos económicos, etc.
- Cuanto más capaces seáis de ello, mejor.
- Si ambos estáis de acuerdo, solo precisaréis de un abogado que ponga en lenguaje jurídico el convenio regulador que habéis diseñado. En caso contrario dos abogados que negocien por vosotros, de acuerdo con vuestras indicaciones y sin ánimo de azuzar los rencores de cada uno, es mejor que ir a juicio y pleitear. Evitaréis sinsabores, amarguras, enconos y... dinero. Todo será más fácil y más rápido.
- Ejerced las pautas para una buena comunicación (Apéndice 1).
- Recordad las estrategias de solución de problemas (Apéndice 2).
- Controlad las emociones. A cada momento pueden desbordarse y dar al traste con días de negociación.
- Procurad ser justos, flexibles, razonables, prácticos, generosos y honestos.

- Llegad a acuerdos viables y factibles, que no dejen ni a los hijos ni a ninguno de los dos en situación precaria.

Ya hemos firmado los acuerdos.
Hoy se va de casa. Me voy de casa

Pactos firmados; entre ellos dónde va a vivir cada uno. No hay motivo para prolongar la situación. Éste es otro de los momentos duros de todo el proceso. Debéis arbitrar con tiempo cómo lo vais a hacer. Evitad los dramas. No os quedéis allí mirando cómo embala sus cosas. Una vez acordado qué debe llevarse, otras ayudas sobran. No ahondéis en la desolación.

Porque parecía que todo estaba dicho y resuelto, pero hoy, cuando ha llegado el día de la marcha definitiva, una gran congoja os ha atenazado. De ahí que sea mejor evitar las situaciones que suelen iniciarse con frases como esta: «Podríamos recapacitar todavía ,¿no?»; «¿Tú crees que ya lo hemos intentado?»; «Yo te prometo que todo va a ser distinto...». Luego, ante la negativa, la frustración genera dolor e ira y podéis pasar a la descalificación y a los insultos: «Jamás creí que cayeras tan bajo»; «No sé por qué te he facilitado las cosas, al fin y al cabo eres un/una...». Nervios, abrazos, amenazas, llanto. No, hay que evitarlo. Vete de casa y deja que haga su traslado, que recoja definitivamente sus cosas. A pesar de todo, será mejor.

Si eres tú quien se va, también agradecerás que te faciliten el camino. Para ti también es un paso muy duro, lo es incluso en aquellos casos en los que quien se va está haciendo lo que deseaba. Pero aquí quedan los sueños, los recuerdos pasados, los anhelos comunes, tantas cosas... «No se han realizado los proyectos previstos»; «No he logrado mi objetivo, no sé qué va a ser de mí en adelante»; «¿Y si me equivoco?»; «Esta ha sido mi casa durante estos años. ¿Volveré a sentir que estoy en mi casa algún día?».

Estas y otras preguntas fluyen en tu mente. No obstante, la decisión está tomada. No te entretengas demasiado. No dejes cosas adrede para tener un motivo de regreso. Termina otro capítulo. Mira hacia adelante. Si tienes una nueva vivienda, procura arreglarla pronto, pon tus cuatro cosas de forma acogedora. Ya lo irás organizando. Pero no dejes las maletas sin deshacer un montón de días. Ni las cosas por desembalar. Coloca aquellos objetos primordiales para ti. La música, tus libros, aquel mueble que te dio la abuela. Crea un espacio que sea confortable y empieza a pensar cómo vas a ir creando tu nuevo hogar.

Si has tenido que ir a casa de tus padres, no puedes reorganizarte todavía. Procura, si es posible, arreglar tu habitación, rodearte de algunas cosas queridas... y empieza a hacer planes para cuando puedas tener tu propia casa.

Puede que estés en la habitación de un hotel y tus cosas embaladas en el garaje, en casa de un amigo o en el guardamuebles. Esta situación es la más dura. No puedes ponerte en marcha y estás solo/a. Pero no te quedes así encerrado/a horas y horas. Vigila tu estado de ánimo. Pide ayuda. Necesitas algún tipo de soporte: un amigo, un familiar, no para que te compadezca, sino para ahuyentar el fantasma de la soledad y la incertidumbre acerca del futuro. Haz los planes sobre las próximas gestiones a realizar: búsqueda de vivienda, consultas, préstamos... Programa tu agenda, aunque solo sea para tres días, una semana como máximo.

No te martirices, no te cuestiones «podría...», «debía haber dicho...». Si has sido consecuente con lo que pensabas y has pactado de forma justa y flexible, felicítate por ello. Has logrado algo muy difícil. Ahora empieza una nueva etapa y aunque te parezca imposible seguirás adelante.

Cuando llegues a casa intenta no quedarte ensimismado/a mirando su fotografía, o el vacío que ha dejado aquel mueble en la pared, o el armario sin sus trajes y su ropa. Si es posible haz los cambios inmediatos que te permitan desviar la atención y amortigüen esta sensación de desaliento y desamparo.

No eches leña al fuego, diciéndote: «Al final consiguió lo que quería»; «Se ha llevado aquel objeto que me gustaba»; «Podía haber esperado unos días»... Se ha cumplido lo pactado. Alégrate por ello. Felicítate por haber sido capaz de hacerlo y conserva la idea de que no todo fue malo en vuestra vida de pareja y que, por lo menos, habéis logrado un final digno.

En cuanto al dolor que causa la situación actual, es muy parecida a la que sufriríais si uno de los dos hubiera fallecido. Pero cuando acaece la pérdida de un ser querido, solemos recordar todo aquello que mejor le caracterizaba. Súbitamente parece que hayan desaparecido sus defectos y hacemos un bello resumen de sus cualidades. En la separación, el sentimiento de pérdida es el mismo, pero el resumen se parece más a un memorial de agravios que a un buen recuerdo. Es humano y es natural. No obstante, debéis evitar cargar las tintas sobre los malos recuerdos o los aspectos negativos de vuestro/a ex, porque todo ello no ayuda a sentirse mejor; azuza el rencor e impide soltar lastre y navegar nuevamente por la vida.

6. A empezar de nuevo

Evidentemente hacer frente a la separación genera diversos tipos de emociones y casi ninguna de ellas resulta positiva. Sentimientos de fracaso, de pérdida de estatus, de baja autoestima, etc.

Después de la pérdida de un ser querido, la separación está descrita como uno de los acontecimientos vitales más estresantes, lo cual no significa forzosamente que sea imposible de superar. Al principio puede pareceros una tarea muy árdua, pero deberéis afrontarla.

Es posible que al dolor y al resentimiento, a la pena y al remordimiento, que suelen hallarse entremezclados, se unan otro tipo de dificultades más prosaicas pero no menos relevantes. Me refiero a problemas laborales, económicos, de vivienda... Es evidente que, salvo economías muy saneadas, el presupuesto que resultaba holgado para mantener una sola casa ya no lo es tanto dividido entre dos. Si para postres ya resultaba algo estrecho, más difícil todavía.

Si ésta no es tu situación porque, afortunadamente, los problemas económicos han podido resolverse, piensa que al menos no has de preocuparte de este aspecto. Esto, que es un tanto a tu favor, puede ser un arma de doble filo si sirve para que, libre de agobios financieros, puedas dedicar todo tu tiempo a lamentarte, autocompadecerte o maldecir al otro.

Cualquier situación nueva en la vida exige estrategias nuevas, formas de afrontarla nuevas. Tú posees suficientes recursos para ello. Las personas en situaciones de emergencia podemos y debemos poner en marcha nuevas habilidades y cambiar si es preciso el enfoque que hasta entonces habíamos dado a nuestras vidas.

Reformular pensamientos. Controlar emociones. Afrontar situaciones

Es probable que te sientas muy desanimado/a, sobre todo si no has sido tú quien ha propiciado la separación. En este caso puede que acudan a tu mente miles de situaciones en las que ahora crees que obraste de forma equivocada, o que, por el contrario, pienses cuán egoísta ha sido tu pareja y maldigas el día que lo/la conociste. Da igual; todo es humano y por tanto posible. Tienes derecho a sentirte mal. Pero debes preguntarte: «¿Estos pensamientos me ayudan en algo? ¿Me hacen sentir mejor? ¿Si los fomento mi desazón disminuye? ¿Me siento más feliz?». Muy probablemente la respuesta sea NO. Por tanto, deséchalos. Apártalos. Cámbialos por otros. Modifica el escenario y ponte a hacer cualquier cosa que te ayude a ello. Vuelve a decorar tu vieja habitación u organiza tu nueva casa. Llama a un amigo (sin abusar, no para lamentarte o quejarte, deja que te proponga algo). La percepción de nuevas situaciones generará otros pensamientos.

Habitualmente nuestro funcionamiento psicológico es el siguiente:

Situación   Pensamiento   Emoción   Conducta

Siguiendo este esquema puede acontecer, por ejemplo:

Estoy solo/a en casa - Pienso que soy un fracasado/a - Me siento triste - Me derrumbo en el sofá y me pogo a llorar.

Pero algo puedes hacer para cambiar esta cadena, este algo es modificar el pensamiento por uno más razonable y adaptado, con lo cual la conducta final, posiblemente sea también distinta. Por ejemplo:

Estoy solo/a en casa - Pienso que no he podido evitar lo sucedido, pero no toda la responsabilidad ha sido mía - Me entra la melancolía - Decido llamar a alguien y quedar para vernos.

Otro ejemplo:

Estoy en el trabajo, los compañeros deciden celebrar la despedida de Pepe - Pienso que yo nunca podré superar mi situación actual - Invento una excusa para no quedarme.

Esto puede cambiarse por: Estoy en el trabajo, los compañeros deciden celebrar la despedida de Pepe – Pienso que yo no estoy de humor, pero debo intentar asumir la situación actual y no encerrarme en mí mismo/a. - Me cuesta pero me quedo y asisto a la despedida.

Es difícil parar y hacer este ejercicio no porque entrañe mucha dificultad, sino porque no tienes ganas de nada y también es duro soportar algunas emociones, pero justamente por eso hay que hacerlo. Ni te autocastigues, ni te culpabilices, ni maldigas. Es una situación nueva. Con el tiempo puede ser la oportunidad para dar a tu vida el giro que precisaba y acabar de una vez con ese hastío que te roía el alma o con la rutina que te tenía aprisionado/a.

En esta situación algunas personas pueden deprimirse seriamente. La tristeza es absoluta y no disminuye. Los sentimientos de desesperanza, profundos; la idea de fracaso, acentuada; el sueño, inestable, y el apetito, menguado. No puedes concentrarte, el pasado es negro, el presente insoportable y el futuro no ofrece nada bueno. Me refiero a la depresión clínica, que como tal debe ser tratada por el especialista oportuno. Consulta a uno si opinas que te ocurre algo parecido, no te empeñes en que debes afrontarla solo. No digas aquello tan repetido de «Ningún especialista, ningún medicamento va a resolver mi problema». Evidentemente eso es cierto, si estás hablando de la separación y del nuevo giro que ha dado tu vida, pero es equivocado si has de afrontar algo tan serio como una auténtica depresión.

Una de las cosas que debes hacer en tu nueva situación es correr un tupido velo sobre el pasado. El pasado puede explicar el presente, pero no te ayudará a construir el futuro. Si has de recordar el pasado hazlo solo desde una vertiente positiva.

1. Intenta recordar las muchas cosas que seguramente has hecho en tu vida que fueron motivo de satisfacción: estudios, trabajo, tus hijos si los tienes, exámenes que pasaste con éxito, gestiones que parecían difíciles y solventaste. Tu capacidad para hacer amigos, la forma como te enfrentaste a la búsqueda de trabajo, etc.

2. Es posible que ahora pienses que nada bueno has hecho y que lo que creías bien hecho, tu matrimonio, se ha ido a paseo. Lo más probable es que estés seleccionando de forma negativa los momentos difíciles; en tal caso, olvida el pasado y disponte a tomar posiciones para mejorar el presente.

3. Si eres una persona que trabaja, sigue haciéndolo. Ello te obligará a salir de casa, arreglarte, enfrentar situaciones sociales, etc. Si habías dejado tu trabajo y tienes posibilidad de recuperarlo, intenta volver a trabajar.

4. En cualquier caso ocupa tu tiempo.

   a) Haz una lista con tus aficiones.

   b) Otra con las cosas que siempre habías deseado hacer y no has podido.

   c) Y otra con las posibilidades de diversión a tu alcance.

5. Haz un horario y organiza tu día. Gimnasia, yoga o natación, curso de inglés, de cerámica o de pintura, o academia para preparar aquel examen que te permitirá acceder a los estudios que deseabas.

   Luego, piensa qué harás los fines de semana. Cine, teatro, aceptar la invitación de tus amigos, ir a un concierto, salir con otras personas. Si tienes hijos, organiza qué vas a hacer con ellos. No es necesario que todo tu tiempo esté a su disposición, aun cuando esto dependa en gran parte de la edad que tengan; no es lo mismo cinco o seis años, que dos o catorce.

6. Si los problemas económicos no te permiten demasiadas veleidades ni diversiones, habrá que buscar otros recursos. Pero no te abandones ni desanimes. Salir a tomar un café o un bocadillo con una amigo/a de toda la vida puede ser asequible. En este momento disponemos de diversas organizaciones sociales que ofrecen cursos, conferencias, actividades recreativas por poco dinero o que incluso resultan gratuitas. Infórmate en tu barrio, a través de las Asociaciones de Vecinos o de la Concejalía de tu distrito; puedes encontrar ofertas atrayentes y válidas.

7. Si tienes hijos y si, como es probable que ocurra, estos se van con tu ex cónyuge los fines de semana alternos, procura por todos los medios tener esos días cubiertos. Despídelos serenamente. No les digas: «Ya veis, mamá/papá se queda solito/a». Los hijos suelen ser muy sensibles a esta situación. Déjalos que se vayan contentos y tranqui-

los. Necesitan ver a su padre/madre y no es justo que esto les suponga dolor.

Si hay amigos que te invitan, acepta por poco que te apetezca, procura realmente distraerte y evita estar todo el tiempo pendiente de la misma conversación, es decir, de lo ocurrido. No aporta nada y se da vueltas sobre el mismo tema. No se generan soluciones y la gente acaba aburriéndose de ello. Si no deseas ir porque todo son parejas y te sientes raro/a y extraño/a, no lo hagas, siempre y cuando hayas buscado otras alternativas. De todas formas no rehuyas estas situaciones perpetuamente e intenta adaptarte.

8. Es muy probable que tu familia, tus padres sobre todo, intente protegerte. Deja que te ayuden pero rehúye la sobreprotección; no eres un hijo recobrado. No caigas en la tentación de refugiarte en su hogar y dejar que decidan y aconsejen, sin manifestar tu opinión. Su buena fe y su propio dolor pueden cegarles y no darse cuenta de lo que realmente necesitas. Ciertamente, precisas afecto, apoyo, seguridad, pero no retroceder a otras épocas en las que ellos eran responsables de tu vida. Ahora debes preguntar, escuchar, pero has de tomar tus decisiones, aun cuando inicialmente la tentación sea dejarse llevar.

Autoestima

Es muy importante poseer la adecuada autoestima. El concepto que tenemos de nosotros mismos nos ayuda o entorpece. De ahí la necesidad de poseer una autoestima positiva. Ser crítico con uno mismo no significa forzosamente menospreciarse, ni creer que uno no posee ningún tipo de cualidad.

La autoestima o autoevaluación incluye un sinfín de factores. Habitualmente forjamos este concepto mediante diversas aportaciones :

- Cómo ha sido nuestra historia y nuestra educación.
- Qué valor hemos dado nosotros a los hechos acaecidos, lo cual a su vez depende de:
  - Los ideales que nos han transmitido.
  - Los éxitos obtenidos.
  - Los fracasos.
  - Lo que suelen decirnos los demás.
  - Lo que creemos que opinan los demás.
  - Lo que vemos al mirarnos al espejo.
  - Los modelos que tenemos.

De la confluencia de estos diversos factores que incluyen nuestra forma de ser, nuestra historia personal y social, y los valores al uso, ha surgido nuestro concepto de autoestima. Puede ser objetivo o subjetivo, veraz o desviado. Quizás hayamos dejado que unos aspectos negativos influyeran más que los positivos. Hay que hacer una buena revisión.

Es posible que nunca hayas sido una persona con un buen concepto de ti misma, es posible que ello te haya perjudicado en muchas ocasiones. Puede que, por el contrario, te tengas en gran estima o que incluso te haga falta un poco de autocrítica, lo que quizás no te haya permitido aprovechar todas tus posibilidades porque hubieras debido enderezar algunos aspectos, limar algunos rasgos y actitudes, etc.

En cualquier caso es bueno hacer un repaso de lo que ha sido tu vida hasta el presente. Es muy probable que, dadas tus actuales circunstancias, no puedas afrontar ahora esta revisión de forma objetiva. Podría ser beneficioso para ti solicitar la ayuda del profesional adecuado. Los familiares y amigos, aun cuando quieran ayudarte, están muy implicados emocionalmente, lo que por un lado coarta su objetividad y por otro puede que tú mismo/a no aceptes su veredicto si no es totalmente de tu agrado.

No siempre es factible acceder a la ayuda profesional. Pregunta a tu médico de confianza, intenta averiguar los recursos disponibles en tu comunidad, en su red de salud pública. En cualquier caso no te desanimes. Como hemos dicho anteriormente, analiza tus reacciones, no solo las actuales, sino las habituales; tu forma de afrontar los retos, de conseguir lo que deseas, de relacionarte, de aprender; tu afectividad, todo aquello que forma parte de tu bagaje individual y configura tu historia personal, emocional y toda tu experiencia. Ahora te sientes mal, pero intenta ser positivo/a y realista. No exageres.

En tu estado emocional actual, es probable que digas: «No he hecho nada bien». **Nada** es un concepto muy absoluto, totalmente inaplicable. Cuando menos puedes corregirlo: «Me he equivocado en algunas cosas y en otras he acertado». Seguramente se corresponda mejor con la realidad. «Nunca me ha querido». **Nunca** es tambien muy absoluto. «El/ella me quería y me quiso durante un tiempo. Luego, no sé exactamente qué ha ocurrido, pero este sentimiento cambió» sería también más acorde con la situación real. «Nadie me comprende» puede ser reformulado por: «A veces parece que no me entiendan las personas a las que quiero. Seguramente lo que ocurre es que me descontrolo y no quieren ahondar en el problema para no causar más daño» .

Tienes todo el derecho a sentirte mal; diría más, debes concederte este derecho, es lógico. Algunas personas son tan rígidas consigo mismas que no se autorizan debilidades ni flaquezas. Craso error. Pero lo que no debes hacer es abandonarte y dejar de buscar soluciones; puedes dejar fluir tu pesar y no está mal que llores y te lamentes. Luego resurge:

a) Analiza tus pensamientos, que seguramente se aproximan a los ya mencionados.

b) No te complazcas en ellos. Este tipo de pensamientos acompañan y suscitan emociones negativas. Nada bueno vas a sacar de ello.

c) Haz un esfuerzo y reformula de nuevo lo que piensas. Procura que sea más objetivo y más adaptado. Hazlo, no te arrepentirás de ello. Al reformular el pensamiento, los sentimientos de desesperanza decrecerán y podrás afrontar mejor las situaciones.

Nadie niega que si repasas lo que ha sido tu vida, encuentres errores. ¡Faltaría más! ¡Como todo el mundo! Analizados estos, aprende, modifica, subsana y ¡sigue adelante! Llorarás hoy, mañana y dentro de unos meses. Pero tu llanto será cada vez más tranquilo, menos desesperado. No dejes que la angustia por lo que has perdido te impida disfrutar de lo que todavía tienes y de las cosas que vas alcanzando por ti mismo/a y con tu esfuerzo.

Tus hijos, tu familia, el trabajo, tus amigos, tu capacidad para llevar a término planes diversos, tu energía que ya creías perdida; disfrutar de todo ello, de nuevos objetivos a alcanzar y realizar los pasos para conseguirlos, todo está en la lista del «haber». Procura aumentar esta lista y disminuir la del «debe».

De todas formas no hagas proyectos muy a largo plazo; corres el riesgo de posponerlos demasiado. Coge tu agenda y planifica esta semana, lo que harás a diario además de tus tareas ineludibles. Cada día tacha lo realizado, gratifícate por haberlo hecho: «Estoy cumpliendo lo que me propongo»; «Paso a paso, no hay prisa». Si no trabajas fuera de casa, hazte un horario día a día, no dejes demasiadas horas muertas. Tener que improvisar puede convertirse en estar en el sofá lamentándose, triste, pensando negativamente. Evidentemente, nadie mejora el ánimo de esta forma.

No tienes por qué ser un «superhombre» o una «supermujer». Algunas personas pueden superar las contrariedades más facilmente que otras; depende en gran medida de las experiencias vividas, de cómo han sido educadas, de su carácter y personalidad. En ocasiones nos empeñamos en no pedir ayuda aun cuando la necesitemos. El hecho de pedirla parece que disminuya nuestro valor, nos haga sentir inferiores o signifique que «somos incapaces». No debe ser así, no es así. Te sorprenderías de la cantidad de gente que a lo mejor juzgas muy aptos, valerosos y fuertes que han precisado ayuda en un momento dado. «Él/Ella sí que es una persona válida», sueles decir, pensando en algún conocido, amigo o familiar. Por supuesto que lo es, lo que no significa que a su vez no haya necesitado consejo y/o ayuda terapeútica.

Por ejemplo, nadie se siente menos válido por tener una pulmonía, consultar con el especialista y seguir un tratamiento. Entonces, cuando una persona debe afrontar uno de los sucesos más hirientes y traumáticos de la vida, ¿por qué tiene que sentirse inferior si solicita ayuda?

Ayuda para poder juzgar mejor la situación (a veces los árboles no dejan ver el bosque), y que alguien no implicado emocionalmente sugiera el mejor camino a seguir. Ayuda para cuestionarte algunas actitudes que siempre tuviste pero que ahora más que nunca debes corregir, ayuda sobre todo para no culpabilizarte ni autodestruirte. Ayuda para aceptar lo inevitable, aun cuando no comprendas. Ayuda farmacológica si el clínico lo juzga necesario, pero que nunca te eximirá de llevar a cabo la reestructuración debida.

Comer y dormir

Hay dos cuestiones que debes cuidar: el apetito y el sueño. Durante el proceso de separación muchas personas pierden el apetito y adelgazan bastantes quilos. «Es lo único bueno que he sacado de esta historia», dicen algunas mujeres siempre bajo la tiranía del peso. No os engañéis, nutrirse adecuadamente es muy importante para la salud. Pérdidas considerables de peso en poco tiempo pueden propiciar la depresión. En cualquier caso, es preciso mantener una dieta alimentaria que aporte cuando menos los nutrientes adecuados. No aprovechéis vuestra situación para suprimir comidas, pasar horas enteras sin comer o tomar solo café y/o té. Esto no va a redundar en un mayor bienestar. Forzad un poco las cosas y obligaros a mantener una dieta lo más equilibrada posible, aunque no tengáis mucho apetito. Ahora precisamente debéis hacer todo cuanto esté en vuestra mano para cuidar de vuestra salud física y mental. Si además tenéis hijos, estos no pueden resentirse por la situación, de forma que en vez de los guisos habituales encuentren solo «un bocata». Al principio puede que les encante la idea, pero luego empezarán a quejarse y por ende habrás deteriorado sus hábitos alimenticios.

Pudiera ser que en ocasiones no tengas apetito y en otras, fuera de las comidas, comas sin ton ni son, más por ansiedad y por llenar el tiempo que por otra cosa. Vigila esta conducta. Pronto te encontrarás con una dieta desordenada y anárquica, que no cumple los requisitos adecuados y que ha introducido el caos en tu despensa y en tus compras, pero sobre todo que afecta a tu salud.

Y no se os ocurra pensar: «Así verá cuánto me ha dañado»; «La culpa es suya, yo nunca había estado así». Las circunstancias no son halagüeñas y han contribuido y desatado tu malestar, pero el último responsable de tu salud, en definitiva, eres tú mismo/a.

En lo que afecta al sueño, muchas personas refieren insomnio, sobre todo en curso. Es decir, primero concilian el sueño pero luego se desvelan y esto suele sucederles mucho antes de la hora prevista para levantarse. Es en esos momentos cuando rememoran lo acaecido, piensan en el amargo futuro que les espera, se cuestionan las decisiones, etc., y como de noche «todos los gatos son pardos», las cosas se ven más negras todavía. Algunas veces se levantan de la cama, van a la cocina y acaban rumiando su situación frente a una taza de café, un vaso de whisky o un tazón de leche.

Bob Deis, en su libro *Life after loss*, propone un método que me permito adaptar. Es una estrategia para hacer frente al insomnio. Supongamos que te desvelas a las cuatro y de hecho deberías levantarte a las siete. O te desvelas a las cinco y deberías levantarte a las ocho. Concédete media hora de margen para conciliar de nuevo el sueño, ahuyenta los pensamientos y detén los soliloquios. Intenta recordar cosas intrascendentes: qué vestido llevabas en la boda de tu hermana; qué le regalaste a tu hijo al cumplir ocho años; de qué color era el abrigo que estrenaste en tu viaje a Francia; cuándo fue la última vez que jugaste a tenis con tu mejor amigo; qué amigos asistieron a la fiesta que celebró tu padre a los setenta años, etc. Pero si a pesar de todo no puedes dormir, haz el día anterior una lista con las tareas que vas a realizar mientras estés insomne. Si te desvelas a las cinco empieza a las cinco y media. Busca tareas que no te apetezca hacer aun cuando debas hacerlas tarde o temprano. Por ejemplo:

5.30: Archivo los últimos recibos y anoto su importe en el plan general de los gastos de la casa.
6.00: Friego las copas que no pude meter en el lavavajillas.
6.30: Ordeno los libros que tengo amontonados de cualquier manera.
7.00: Friego el comedor y la sala.
7.30: Compruebo los extractos del banco y los cotejo con mis recibos del cajero automático y con mi talonario de cheque.
8.00: Hora de levantarme.

Después de unos días es probable que mucho antes de esta hora hayas retomado el sueño; relájate, respira hondo y vete a la cama.

Y hablando de relajación, este es un buen método que puede ayudarte a controlar tu ansiedad. Es fácil aprenderlo. Como cualquier habilidad, precisas de un cierto tiempo para dominarla, pero todo el mundo puede conseguirlo. Unido a los ejercicios de respiración puede resultar muy beneficiosa. Hay gran cantidad de oferta en el mercado: libros, grabaciones, etc., que pueden serte útiles.

Por lo menos intenta hallar unos minutos para tenderte en el sofá, en la cama o en un sillón confortable. Cierra los ojos e inspira por la nariz, lentamente. Deja que el aire vaya ensanchando tus pulmones y que vaya penetrando hasta que lo notes en la zona abdominal. Retenlo unos breves instantes y luego expira el aire por la boca también muy pausadamente. Repito, hazlo muy lentamente, nada de inspirar ni exhalar bruscamente. Tus pulmones han de producir un movimiento como de acordeón, se ensanchan y repliegan conforme el aire entra y sale de forma lenta y pausada.

Haz este ejercicio durante por lo menos cinco minutos. No pienses en nada, simplemente mantente atento/a a los efectos que notas en tu cuerpo.

Cuando decidas terminar puedes permanecer en reposo unos minutos más e imaginar que estás en un lugar muy agradable de acuerdo con tus preferencias. Una playa solitaria. Un prado entre montañas, una habitación confortable. Imagina vívidamente esta escena, con sus colores, sus olores... (Ejemplo: el azul del mar, el ruido de las olas al romper en la playa, el olor, el sabor a salobre, el frescor de la hierba en las palmas de la mano, el murmullo de un riachuelo... Según tu elección). Concéntrate en todo ello, mantén los ojos cerrados, saborea lo que imaginas. Minutos después abre los ojos lentamente y levántate tranquilamente, sin prisa. Muy probablemente observarás que estás más tranquilo/a.

Poco a poco, día a día, las aguas volverán a su cauce. Tú prosigue trabajando eficazmente.

Los problemas del día a día

Otro tema. Hay cosas que siempre hacía tu pareja: llevar el coche a revisión, la declaración de renta, el lavado y planchado de la ropa, llevar las cuentas de la casa, el control de lo que faltaba en la despensa, revisar los deberes de los niños, las reparaciones, llevar la ropa a la tintorería o los zapatos al zapatero, cuidar el jardín, cambiar los fusibles...

No te sientes y te digas: «¿Y ahora qué hago yo con esto?». No busques excusas para poder llamar a tu ex y quejarte o pedir ayuda. Tú puedes desenvolverte solo/a. Todo puede aprenderse. Pregunta a alguien según de qué se trate, o simplemente ejerce la imaginación y el sentido común. Tu repertorio de habilidades prácticas muy pronto va a ampliarse. Verás cómo aquello de «cosas de hombres y tareas de mujeres» es una pura división social. Ciertamente, la práctica y la transmisión de una a otra generación han facilitado determinadas habilidades en uno u otro sexo. Nada que no pueda subsanarse. Observa sobre todo aquello que vas consiguiendo.

No pienses: «**Nunca sabré manejarme solo/a**»; «**Esto es horrible y me encuentro perdido/a**»; «**Cada día que pasa es peor que el anterior**»; «**No voy a hacer nada, que se dé cuenta de lo que me ha ocasionado**». En cualquier caso, si te has dicho esto o algo parecido, reflexiona y busca alternativas a tu pensamiento, nuevas formulaciones que sean más adaptativas y que no te suman en la desesperación. Por ejemplo: «**Me va a costar aprender esto, pero lo conseguiré**»; «**Es una situación difícil; me siento perdido/a, pero seguro que** encuentro una salida»; «No parece que mi ánimo mejore a pesar de los días transcurridos; todo el mundo me ha dicho, sin embargo, que es algo lento, pero al fin se supera»; «Debo intentar espabilar por mi cuenta, porque no quiero que piense que soy un/una incapaz. Tampoco voy a ganar nada intentando que se sienta culpable».

Sistemáticamente rechaza los pensamientos negativos, cámbialos; a la vez modificarán tu estado de ánimo te sorprenderás del poder de tus pensamientos.

Cuida tu aspecto físico. Es muy posible que no tengas ganas, pero debes hacerlo. Por ti mismo/a. Ve a la peluquería, córtate o arréglate el cabello. Ponte el traje o la ropa que sabes que te sienta bien. «He adelgazado, dirás, nada me sienta como antes». Bueno, haz algún arreglo. Compra ropa nueva si te lo puedes permitir. Que alguien te ayude a hacer modificaciones si no sabes hacerlas tu. No te pongas la última corbata que te regaló para no olvidar su deserción. No te empeñes en hacer cambios radicales si con ellos no te sientes a gusto. Sé tú mismo/a.

Cada día, frente al espejo, no busques las señales del sufrimiento. **«He envejecido diez años»**, podría ser la frase. No, cámbiala: **«Este episodio no ha pasado en vano. Ha dejado huellas; esto es la vida. De todas formas puedo seguir teniendo una apariencia agradable si cuido mi aspecto, y debo hacerlo»**. Una vez arreglado/a, dite a ti mismo/a: **«Buen trabajo; ahora me siento mejor»**.

Y así, lentamente, cada día cuando termine la jornada, felicítate por los retos afrontados, por los pasos dados. Piensa en lo que todavía podrás hacer y no te recrimines por aquello que todavía no has hecho; nunca tires la toalla.

Recordad

- El mundo no se ha hundido. Ha sido un terremoto, pero las consecuencias pueden superarse.
- Debes revisar tus puntos débiles y reconocer tus vulnerabilidades, para poder hacerles frente.
- Es importante cuidar tu autoestima. Si haces una lista sincera de tus cualidades, vas a encontrar muchas cosas positivas desde todos los ángulos.
- Si hay quien critica tu actuación, piensa: «Yo estoy tranquilo/a porque he seguido los dictados de mi conciencia y he logrado contener las emociones negativas que me inducían a la venganza».
- Debes cuidarte. Controla el apetito y el sueño.
- Intenta organizar tu tiempo. No debes encerrarte en ti mismo/a.
- Si te lo propones puedes controlar tus pensamientos negativos y adecuarlos a la realidad. Esto te hará sentir mejor y en consecuencia actuarás mejor.
- Intenta que tu aspecto sea agradable. No es adaptativo inspirar compasión ni te vas a sentir mejor por ello.
- Si tu solo/a no puedes manejar adecuadamente la situación, pide ayuda antes de que te desborde.

7. Mis hijos. Mi familia. Mis amigos. Mi trabajo. Mi ex

Los hijos

Tienes a tus hijos contigo. Es lo que deseabas. Pensabas que esto haría que te sintieras mucho mejor. Pero aun así, y a pesar de que te has hartado de decir que nada cambiaría, porque en lo referente a los niños te ocupabas ya de todo, echas en falta a tu pareja. Cuando alguna noche tu hijo adolescente tarda demasiado en llegar, te gustaría poder compartir tu inquietud. Y cuando el pequeño está lloricón y pregunta si puede llamar a su padre/madre y quiere que éste/a vuelva. Y cuando tu hija, que en ocasiones está respondona y a veces se queja: «A ver si ahora va a resultar que porque os habéis separado, vas a estar siempre metiéndote conmigo».

Las situaciones pueden ser muy diversas. El reajuste siempre es difícil, pero no me cansaré de decírtelo: cuanto mejor hayáis llevado las negociaciones tanto menos duro será todo.

Las causas de la separación también influyen en la evolución posterior. No es lo mismo que haya habido una tercera persona, que la relación ya no se sostuviera, que la hayas propiciado tú o tu pareja...

Tener la guardia y custodia de los hijos implica asumir muchas de las responsabilidades del día a día, aun cuando las decisiones educativas en general sean compartidas. A veces quisieras distraerte o salir con tus amigos pero no puedes hacerlo. Llegas muy cansado/a del trabajo y todavía hay que ayudar en los deberes y preparar cenas y baños.

Algunas parejas que se han separado muy razonablemente exageran la nota de la cordialidad. Por ejemplo: papá viene cada noche y ayuda, juega con los niños, baña al pequeño. Luego se sienta en el sofá y mira a su alrededor con añoranza y los críos dicen a coro: «¿Te quedas a cenar?»; «"Lo que mamá diga", responde él». Mamá se siente atrapada: «"bueno...", otorga». En su interior piensa: «Esto es peor que antes, no sé si nos hemos separado o jugamos a papás y mamás».

Situaciones como esta no son aconsejables ni para vosotros ni para los niños. Crean expectativas falsas y no ayudan a sobreponerse ni a afrontar la realidad. La realidad es que estáis separados y «no hay más cera que la que arde». Tú y tus hijos debéis reajustar vuestras vidas. El presupuesto económico es distinto, las tareas a asumir también y la situación nunca volverá a ser la misma, lo cual no significa que «siempre será horrible», no, simplemente es distinta y hay que manejarla desde el primer día.

Debes enseñar a los niños que ahora las cosas van a funcionar de esta u otra forma. En este sentido, te sugiero una serie de consejos que te ayudarán a obrar correctamente:

- Enséñales a aceptar y afrontar las nuevas circunstancias.
- Evita el tono quejumbroso y la lamentación continua.
- Ni hables ni dejes que hablen mal de tu antigua pareja en su presencia.
- No les utilices como correa de transmisión. Por ejemplo, nunca les digas: «Dile a tu padre/madre que me llame, le contaré cuatro cosas» o «Llama a tu padre y dile que cuando venga el sábado me traiga el cheque».
- Mantenlos al margen de estas cuestiones. Si ellos quieren llamar a su padre/madre por teléfono déjalos que lo hagan, pero no aproveches la ocasión para otros fines.
- Intenta no llorar demasiado en su presencia. Y si preguntan si has llorado, no mientas, pero tampoco cargues las tintas. Puedes salir de la situación diciendo algo semejante a: «Ya sabéis que lloro facilmente; ya se me ha pasado».
- Cuando regresen de sus visitas no hurgues continuamente: «¿Qué hacía papá/mamá?»; «¿A quién habéis visto?»; «¿Qué tal se las apaña cocinando?»; «¿Me habéis echado de menos?»; «¿Estaba limpio?»; «¿Habéis ido al restaurante?». Muchos niños me han contado lo mal que se sienten cuando, al regresar de su estancia en casa del otro, les espera un interrogatorio al que muchas veces temen contestar por si generan algún problema.
- A veces son ellos quienes se quejan de algo: «Papá/Mamá no ha querido salir»; «La casa es muy pequeña»; «Siempre nos lleva a casa de la abuela»; «Siempre guisa lo mismo»... En esos casos paliad la queja, disculpad al otro, no echéis leña al fuego ni empecéis a pensar «que habrá que acor-

tar el número de visitas». El otro también comete pequeños errores y también necesita recuperarse; dadle su oportunidad.

Si tus hijos no conviven contigo

Los echas de menos. Te sientes muy mal. ¿Qué van a pensar de ti? ¿Cómo vas a estar pendiente de sus necesidades? ¿Te van a seguir queriendo?

Si sabéis llevar bien la situación, la respuesta es SÍ. Si habéis pactado como es debido, podrás ver a tus hijos con frecuencia y podrás participar en todas las decisiones importantes y en las menos importantes.

Al igual que tu pareja:

- No interrogues, no inquieras acerca de su vida con el otro.
- Por las mismas razones, no hables mal de tu ex ni dejes que nadie lo haga ante ellos.
- No caigas en la tentación de mimarlos y dar respuesta a todos sus caprichos.
- Mantén las pautas educativas acordadas.
- Hazles saber que estás al corriente de sus actividades y necesidades. Has visto sus notas. La profesora dijo que trabajaban bien o que precisaban un refuerzo en matemáticas. Ya sabes que el mayor desearía ir a unas colonias: «Ya hablaremos de ello»; «Quizás en Navidad podamos compraros aquello que tanto deseáis»; «Habrá que ir

al dentista porque los dientes del mediano crecen torcidos...».

- Dispón tus horarios de forma que puedas atenderlos las horas y días convenidos.
- Piensa en la calidad de las relaciones con tus hijos y no te angusties tanto por cúanto tiempo pasas con ellos.
- Si tienes otra vivienda, procura que ellos puedan sentirse bien en la nueva casa. Dispón en ella del mínimo de cosas necesarias para que no tengan que ir y venir con enseres que precisan a diario.
- Si, aunque sea temporalmente, estás en casa de tus padres, procura que estos no tengan que cuidar de tus hijos más de lo preciso. Deja que simplemente hagan su papel de abuelos, pero no cedas tu responsabilidad.
- Si no tienes espacio suficiente o todavía no estás debidamente instalado/a, no te aflijas; más adelante podrán quedarse a dormir. Por el momento disfruta de su compañía, juega con ellos, háblales, ayúdales mostrándote cercano/a, interesado, cariñoso.
- Procura no angustiarles aunque se te rompa el alma cada vez que vuelves a dejarlos. No les entristezcas diciéndoles que no puedes vivir sin ellos; puedes hacerles saber que los quieres y los necesitas, sin dramatizar en exceso. Os hará bien a todos.
- Planea actividades conjuntas. Amigos a quienes podéis visitar porque tienen hijos de su edad. En ocasiones las edades de los hijos no hacen compatibles las diversiones. Utiliza la imaginación y la flexibilidad, pero no busques

siempre cosas que hacer para no tener que hablar con ellos. Procura que todo sea lo más natural posible, no fuerces las situaciones.

* Si te ves obligado/a a reñirles, hazlo. No creas que en la situación actual debes dejar pasar todo; has de seguir educando. Lo contrario sería renunciar a tu deber como padre/madre.

En estos momentos el tema de las visitas os resulta difícil a ambos. A uno porque los ve menos, y al otro porque los añora cuando se van y está muy agobiado en cambio durante la semana mientras trabaja.

Pensad en el futuro. Todo es temporal. Si seguís ejerciendo la cordura y el buen hacer, la flexibilidad, la paciencia y el sentido común, llegará el día en que vuestros hijos irán y vendrán de una casa a otra con flexibilidad. Os harán saber que se van a casa de papá: «Porque quiero hacer un trabajo en su ordenador» o que «Hoy dormiré en casa de mamá porque esta tarde quiero que me acompañe a comprar unas cosas para mi fiesta de cumpleaños». El cariño y el respeto habrán triunfado, ellos se habrán sentido amados y protegidos, y vosotros habréis ejercido como padres sin menoscabo para nadie.

Si tenéis custodia compartida

Vuestros hijos alternan su estancia en ambas casas. Ello requerirá por vuestra parte paciencia y flexibilidad. También una buena dosis de organización. Habrá fallos, seguro. No los aprovechéis para criticar, enjuiciar y profesar solemnemente que lo que se está haciendo es un gran disparate. Primero, intentad subsanar los fallos y ver las posibles soluciones. Procurad que en ambas casas haya todo lo preciso, lo más cotidiano por supuesto y algunas cosas necesarias para el estudio quizás deban estar repetidas. Debéis tener ambos en un lugar visible el organigrama de las actividades de los chicos: días de gimnasia, de entreno, clases de inglés, etc.

En muchas ocasiones los niños están sobrecargados de actividades extraescolares, lo cual conlleva a los padres gran número de idas y venidas, muchas veces a sitios distintos con horarios distintos. Horarios poco adaptables a los del trabajo, dificultad que con frecuencia subsanan muchos abuelos y/o los «canguros».

Puede que no sean necesarias tantas actividades, a veces los chicos llegan muy tarde a casa con los deberes por hacer, hay que ducharse, cenar... y el tiempo de tranquilidad para estar con ellos se esfuma. En su lugar, prisas, nervios, quejas y un infinito cansancio por parte de ambos padres.

Hay que flexibilizar la situación y no empeñarse de modo rotundo en que «deben hacer esto y esto y lo otro». No siempre es algo importantísimo para su formación. También lo es el diálogo sereno con sus padres, los ratos de charla distendida, la participación en pequeñas tareas del manejo del hogar.

Si la custodia compartida no se ejerce adecuadamente puede ser un nido de conflictos y de crítica. Intentad ambos aminorar las dificultades, quitar importancia a los fallos. Todo requiere su aprendizaje. Si no somos pacientes, el objetivo primordial, o sea, que los hijos tengan suficiente contacto con ambos padres, se verá contaminado por un sinfín de escenas desagradables que darán al traste con lo que se pretendía.

Huid de la malevolencia. Ello significaría utilizar las dificultades, al principio evidentes, para agrandarlas y demostrar así que «el otro es absolutamente incapaz de cuidar de sus hijos». Ahora, en el preciso momento en que os acabáis de separar, esto puede sonaros a «pura jerga ingenua y boba» de alguien que no ha pasado por ello. No obstante, tanto los muchos estudios realizados, como la experiencia cotidiana, permiten afirmar que lo que hagáis ahora, en el momento de la separación, condicionará para bien o para mal vuestro futuro y el de vuestros hijos.

Parece imposible que este dolor y la ansiedad que ahora sentís pueda aplacarse algún día. Pero así será, como ocurre con todo. La muerte de un ser querido también nos deja anonadados; no obstante, se sobrevive y, más aún, se supera y el dolor se mitiga y desaparece aun cuando el recuerdo permanezca. Así será también en vuestro caso, o sea, que ¡ánimo! La siembra es dura pero la cosecha será buena.

Las relaciones con mi ex

Pues, sinceramente, lo mejor es que sean respetuosas y sin excesiva tirantez. Una vez firmados los pactos no volváis sobre ello. Ahora respetad lo acordado y respetaros a vosotros mismos. Ya sé, diréis: «¿Y por qué no podemos ser amigos?». Si deseáis serlo nada lo va a impedir, lo que ocurre es que en las actuales circunstancias y sin frivolizar la situación es muy poco probable que podáis actuar como si nada hubiera ocurrido.

Podéis estar satisfechos si no os habéis convertido en enemigos. ¡No pidáis peras al olmo! La relación va a ser muy distinta si tenéis hijos o no. Cuando no hay hijos nada os obliga a seguir en contacto, o apenas nada. A veces el interés por los familiares mutuos, amigos comunes, alguna fiesta a la que os inviten a ambos... pero aun así, si no lo deseáis, no tenéis por qué veros, y ojos que no ven... las heridas cicatrizan antes.

Los hijos, en cambio, os van a mantener en contacto siempre, y ya hemos quedado en que es preciso y deseable que ello se haga sin crispación, con flexibilidad y tolerancia. Pero sin abusar. No son necesarias situaciones que reproduzcan escenas hogareñas como si nada hubiera pasado. No somos de piedra, y dado que habitualmente el estado de ánimo es frágil y la reacción emocional de los dos puede ser distinta, ya que no es probable que haya sido una separación propiciada por ambos a la vez, lo mejor es no ponerse a prueba.

Por tanto:

- Los encuentros deberían ser los estrictamente necesarios. La posibilidad de rehacer las cosas se supone que ya ha sido intentada o ya ha pasado la oportunidad.
- Las llamadas telefónicas para concretar aspectos de la recogida de los niños, dar cuenta del resultado de unos análisis, etc., han de ser breves.
- No aprovechéis el contacto telefónico para discutir, y menos delante de los niños, ni para colar subrepticiamente aquella noticia que sabéis va a sentar mal, pero a la que ahora el otro no puede dar respuesta porque está en el trabajo.
- No busquéis excusas para llamar, por ejemplo «para saber si hay alguien más en su casa»; «para que se dé cuenta de lo mal que estoy»; «para fastidiarle la velada».
- Cuando debáis veros personalmente, concretad muy bien el lugar y la hora, y acotad el tiempo de la entrevista. Tratad el tema que la haya motivado y no prolonguéis demasiado la situación.
- Algunas parejas optan por acordar que celebrarán juntos los cumpleaños de los hijos o ciertas fiestas como el día de Reyes. En muchas ocasiones y sobre todo al principio, esto resulta muy difícil, amén de las expectativas de reconciliación que los hijos elaboran de inmediato. En cualquier caso, estas citas deben reducirse, siendo necesario tener muy claro qué las motiva, más aún en los inicios.

- Comunica a tu ex todo aquello que deba saber respecto a los niños. Sea referente a la escuela, a su salud, a cambios en su conducta... No hagas ver que te enteraste demasiado tarde o que en aquel momento no podías localizarlo/a.
- Si has de hacer un viaje, ausentarte varios días, cambiar el horario, dale preferencia; no busques enseguida la ayuda de la abuela o de un canguro, pregúntale primero si él/ella puede hacerse cargo de la situación.

Si vais observando lo pactado y seguís una conducta correcta, es muy probable que podáis conservar cierto grado de amistad. A medida que pase el tiempo, los hijos crezcan y veáis los frutos de vuestro buen hacer, la amistad será posible, pero repito, no os empeñéis en que esto sea así ahora, ni forcéis ninguna situación. Desde una nueva posición de independencia y libertad, que todavía está en ciernes, la relación amistosa tendrá más posibilidades que en la actualidad.

Cuando hay hijos y la pareja se ha ido debido a su relación con otra persona, el tema de las visitas de los niños cobra nuevos matices. De ninguna manera deseas que los niños se encuentren con «aquella» o «aquel», «el/la culpable del hundimiento familiar», «espero que la/lo odien y nunca quieran verlo/a».

Pero si esta relación es seria y tiene un futuro, algún día tus hijos deberán saber que su padre/madre tiene otra pareja, y que es muy importante para él/ella. No pretenderás que se mantengan toda su vida al margen de ello, lo cual a buen seguro dificultaría las relaciones adecuadas.

En el momento oportuno, deberás asumir la situación. Otra vez estamos frente a la realidad, no puedes darle la espalda. ¿Es dura? Quizás sí, pero es lo que hay. Por tanto, tranquilízate, ten más seguridad en ti mismo/a. Nadie va a ocupar tu lugar si estás haciendo lo que es debido; los hijos saben distinguir. Pero tampoco debe dolerte que a la larga establezcan una buena relación con la otra persona, será mejor para ellos. De lo contrario no se sentirán a gusto en casa de tu antigua pareja.

Sé de algunas personas que conforme han visto que los hijos se sentían cómodos con, digamos, «su rival» han empezado a azuzarles y recriminarles a la vuelta a casa. A reprocharles su deslealtad, etc. Si quieres que tus hijos se sientan injustamente tratados, infelices, temerosos, inseguros, o que lleguen a pensar que su padre/madre hizo bien en cambiar de pareja, este es el mejor camino.

No escuches comentarios como: «¿Y vas a permitir que vayan a casa de su padre/madre estando...?». Tu orgullo personal es una cosa; la realidad, otra, y la evolución correcta de tus hijos, que implica la asunción debida de su entorno habitual, lo más importante.

Si eres tú quien sale con otra persona, también debes cuidar ciertos extremos. No pretendas que tus hijos la acepten de inmediato. Deja transcurrir el tiempo necesario. Primero dedícate a ellos, ayúdales a superar los primeros embates de la separación. No introduzcas un mayor nivel de dificultad. No frivolices ni adoptes posturas rígidas. Tu relación tiene que ser muy segura antes de introducir a tus hijos, así y todo dales tiempo. Los niños no pueden experimentar que los afectos son efímeros y las relaciones amorosas poco duraderas, sin grave perjuicio para su evolución emocional.

Un muchacho de doce años me hablaba de sus padres/madres «de plástico», al relatarme su entorno familiar. «¿Por qué dices esto?», inquirí. Su respuesta fue: «Porque no duran, no son reales».

He tratado con muchos niños que han conocido diversos padres/madres, un sinnúmero de abuelos, hermanos postizos, etc. Evidentemente no es nada que favorezca su evolución ni su estabilidad.

No pidas a tus hijos que quieran a tu nueva pareja como si fuera papá/mamá. Salvando casos excepcionales de desaparición del auténtico progenitor, los límites entre los padres biológicos y sus responsabilidades, y las nuevas parejas deben mantenerse. Ni tus hijos tienen que mostrarse especialmente simpáticos, ni tu pareja ha de hacer cosas extraordinarias para «caerles bien». La naturalidad y el sentido común son la mejor fórmula.

Explica a tu pareja las normas educativas adoptadas conjuntamente con tu ex y la necesidad de que estas sean respetadas cuando los niños están con vosotros.

Mi familia

Tu familia, al igual que tú, va aceptando la situación, aunque no sin traumas. Por un lado, te ayudan o lo intentan.

Por el otro, no pueden evitar ciertos comentarios, contra ti y contra tu antigua pareja.

Ya hemos hablado de ello en otro capítulo. Necesitas su ayuda y su apoyo afectivo, pero de ningún modo has de dejar que actúen como si todavía no te hubieras ido de casa.

Las circunstancias familiares son muy distintas según sea la edad de tus padres; estén juntos o uno de ellos haya fallecido; se encuentren bien de salud o ésta sea precaria. Todos los factores cuentan a la hora de afrontar situaciones difíciles y ésta lo es.

Puede darse el caso de que tu familia sea extensa; que tengas varios hermanos y forméis una piña muy unida. Muchas fiestas familiares, un montón de personas... Esto puede ser beneficioso, pero algunas veces desearías huir. Quizás eres el primer miembro de la familia que se separa y te sientes incómodo/a; todos con su pareja... Ellos también echan de menos a la tuya, pero ya se habituarán. A ti te resulta más difícil: su sitio en la mesa, sus bromas... o quizás no, quizás nunca se sintió bien con ellos y ahora estás más a gusto, sin temor a que noten su malestar.

De todo puede haber. Ten paciencia. El apoyo afectivo, está comprobado, amortigua el estrés. No te fuerces en exceso, pero tampoco rehuyas la posibilidad de estar con los tuyos; te hará bien.

Ciertamente, en algunas ocasiones los familiares pueden resultar engorrosos, porque protegen en demasía o porque hacen comentarios punitivos, por ejemplo: «Puedes dejar a los niños; ya les irá bien estar en un ambiente normal»;

«A saber qué harías con ellos». En otras inquieren, preguntan: «¿Dónde estuviste ayer? Te estuvimos llamando y nada». «¿No estarás haciendo tonterias?, ¿verdad?»... Y a ti te vienen ganas de agarrar a los niños y decir que no necesitas a nadie, o contestar que haces lo que te da la gana. Es normal, pero procura tener paciencia. Verás cómo las aguas volverán a su cauce. Tu familia también precisa su tiempo. La misma ansiedad acerca de tu situación les hace cometer errores. Cuando vean que vas saliendo adelante se sentirán más tranquilos.

Tampoco abuses de ellos. Precisas afecto y que te mimen un poco, pero sin pasarse. No te quedes siempre en su casa si tienes la tuya. No les encargues cosas que puedes hacer tú. Intenta no inspirar lástima. La lástima no es un sentimiento que ayude a rehacerse. Por tanto:

- Cuenta con tu familia, con su afecto y con su ayuda.
- No dejes que te sobreprotejan.
- No abuses de ellos.
- Deja que te ayuden a enfrentarte con los hechos, pero no consientas que dirijan tu vida a su modo. No hipoteques tus decisiones.
- Ten paciencia ante sus posibles exabruptos o/y interferencias. Ellos también necesitan tiempo.
- Si tienes hijos, sobre todo, procura no enconar los ánimos contra tu pareja. Habrá ocasiones en que los niños reunirán a todos (comuniones, fiestas escolares, tu ex ha de recogerlos en su casa, etc.). Es mejor para todo el mundo que se mantenga un clima de corrección.

- No les consientas comentarios negativos ni acerca de tu ex, ni de ti mismo/a, ante los niños.

Mis amigos

Disponer de amigos es importante para hacer frente al estrés; el apoyo social es beneficioso. No te encierres, por tanto, e intenta mantener tus relaciones.

Ciertamente, en ocasiones ocurre que los amigos si lo son de ambos, se sienten confusos, no quieren intervenir o tomar partido y entonces se van alejando y dejamos de verlos.

Para que esto no ocurra debes procurar no exigirles que dejen de relacionarse con el otro, o que tomen partido visiblemente, poniéndolos en un conflicto de lealtades. Es comprensible que si hasta hoy habían sido amigos de verdad de los dos, quieran seguir siéndolo, aun cuando puedan pensar que uno de vosotros se equivoca en su decisión o no estén de acuerdo con la misma.

Al principio todo el mundo quiere ayudar, te invitan con frecuencia, atienden tus llamadas, se llevan a tus hijos, etc. No obstante, para que esto se mantenga no hay que abusar. La gente acaba odiando las referencias continuas al tema: «¿Sabes qué ha hecho ahora? ¿Tú que opinas?»; «En realidad es mucho peor de lo que pensáis»; «Ya sé que todavía sois sus amigos, pero no deberíais disculparlo/a tan fácilmente».

Llamadas angustiosas, largas, llanto. Todo ello, a la larga, puede resultar muy agobiante y la gente suele alejarse del conflicto y, por tanto, de vosotros.

Esto no ocurrirá si lo que realmente buscáis en vuestros amigos es una ayuda sincera, el soporte de su cordialidad, el afecto con el que contábais. No que juzguen, que tachen de su lista a tu ex o que te den siempre la razón para no verte enfadado/a.

En cualquier caso, si habéis logrado pactar de forma correcta, las relaciones con los amigos son más fáciles. Cuando las separaciones son muy cruentas, con abogados, juicios y enfrentamientos continuos, es cuando resulta más difícil mantener las amistades que no quieren verse envueltas en esta vorágine de rencores, ni que les obliguen a definirse.

Los amigos tampoco son tantos; son pocas personas, pero escogidas. Luego están los compañeros, los conocidos. Confía sobre todo en tus amigos. Te ayudarán a resurgir. Puede que te agobie que ellos constituyan pareja y tú no, pero no por eso dejes de verlos. Esta puede ser también la ocasión para recuperar antiguas amistades que, por incompatibilidad en vuestra vidas o quehaceres, tenías un poco abandonadas.

A través de tus amigos puedes conocer a otras personas. Déjate invitar. De entrada puede que te dé una enorme pereza, pero haz un esfuerzo. Luego, a fin de no aguar la fiesta, harás lo que puedas para sonreír mínimamente, no mostrarte apesadumbrado/a y conectar con la gente. Y más tarde te darás cuenta de que este esfuerzo que has hecho por los demás ha redundado en tu beneficio y que realmente has estado mejor que si hubieras pasado el día encerrado/a, meditando, llorando...

Por tanto:

- Confía en tus amigos. Con ellos sé sincero/a. Te comprenderán. Pero no cuentes tus cuitas a todo el que quiera escucharte. Quizás luego te arrepientas.
- Selecciona tus confidentes. Piensa si están en condiciones de ayudarte, de darte un buen consejo. Si los consideras equilibrados, ecuánimes, con sentido común, discretos.
- Tampoco tomes la actitud del que no confía en nadie: «Al fin y al cabo nadie puede ayudarme»; «Sí, tengo amigos, pero no quiero darles la lata». Los amigos sinceros desean ayudarte, pero no pueden forzarte a aceptar su ayuda; pídesela, te hará bien.
- Debes pensar: «Ahora me parece que no saldré de esto, tengo la impresión de que soy una carga, pero no es cierto, su interés es sincero y yo debo aprovecharlo. Además, pasado algún tiempo seré para ellos el amigo/a de siempre».
- No obligues a los demás a tomar partido: «Conmigo o contra mí». Déjales que decidan, no les pongas en la disyuntiva de que si quieren verte a ti no puedan estar nunca con tu ex. Deja pasar los días, las situaciones se reconducen solas y a la larga los grupos se reestructuran y reorganizan según las circunstancias, de forma natural.

Mi trabajo

¿Tu trabajo se ha resentido por tu situación? Es muy probable. También es probable que, conocidas las causas, las personas que te rodean, tu jefe, tus compañeros, hayan hecho alarde de comprensión y todo el mundo te haya dado su apoyo: «Tómatelo con calma»; «Cógete un par de días»; «No te preocupes».

No obstante, lo cierto es que, a pesar de las buenas intenciones, es posible que no puedas descuidar por mucho tiempo tus tareas, no ya porque hayas pedido unos días a cuenta de vacaciones, sino por los despistes, por las visitas a clientes postergadas *sine die*, por el olvido sistemático de algunas cosas que antes no olvidabas nunca, etc. «No puedo concentrarme», te dices. «No estoy en condiciones»; «Me veo incapaz de gestionar nada, de enfrentarme a un cliente». Esta puede ser una buena razón para que pidas ayuda al profesional adecuado. Si necesitas ayuda, médica o psicológica, la que sea, acéptala».

Tu trabajo es muy importante, no solo porque muy posiblemente sea tu única fuente de ingresos, sino porque precisas de él en muchos sentidos. Para sentirte útil, para sentirte capaz, para sentirte bien. Para distraer tu mente con otras preocupaciones, obligarte cada día a salir de casa, pasar un buen rato en la cafetería con los demás a la hora del almuerzo... por tantas y tantas cosas.

Si no tienes trabajo, porque hace tiempo dejaste de trabajar fuera de casa o perdiste tu puesto laboral y decidiste que te tomabas un respiro porque ya tenías muchas ocupaciones, podrías ir pensando en que quizás deberías reincorporarte. Depende de la situación. Todo puede darse: que te acucie encontrarlo por razones económicas; o que no puedas, a no ser que esté muy bien pagado, porque te gastarás lo que ingreses en alguien que cuide a tus hijos... depende.

En cualquier caso, plantéate si deberías buscar algún tipo de ocupación distinta de tu tarea habitual. Intenta abrir puertas. Para ello piensa de qué recursos dispones, formación, bolsa de trabajo de tu colegio profesional, de tu sindicato, oficina de empleo, anuncios, personas que pueden presentarte, empresas donde puedes ofrecer tus servicios... Toma nota de todos esos recursos y piensa luego en las estrategias a seguir para utilizarlos: por dónde empezar, a quién consultar, cómo confeccionar tu curriculum. Si crees que tu formación es precaria, piensa qué podrías hacer para ampliarla, para reforzarla. Por tanto:

- Haz una lista de recursos, sé realista.
- Evalúalos.
- Valora las estrategias a seguir y ¡en marcha!
- Si no te acucian los problemas económicos, puede que te interese iniciar algún curso de formación profesional o hacer un trabajo de pocas horas, una tarea de voluntariado o algo muy distraído.
- Haz algo al margen del trabajo exclusivamente doméstico. Algo que te aporte contacto con gente, te permita

ejercer tus habilidades y evite que pienses continuamente en lo mismo.

- Con tus compañeros de trabajo, al igual que con los amigos, selecciona con quien hablas. No provoques que todo el mundo se inmiscuya en tu vida y te aconseje. Limita tus confidencias.
- En la medida que puedas, evita que empiecen a pensar que tu periodo de recuperación ya es demasiado largo y que no rindes como es debido.
- Si la precisas, pide ayuda de inmediato. Será mejor a que, confiando solo en tus fuerzas, te invada la angustia de constatar por ti mismo/a «que no hago mi trabajo como es debido».

Si eres un adicto/a al trabajo, lo más probable es que te sumerjas en él, incluso puede que te digas: «Esto es mi verdadera vida; ahora podré dedicarme a mi profesión sin trabas». Lo que quizás no te plantees es que posiblemente tu adicción al trabajo haya sido uno de los escollos que haya contribuido al naufragio de tu relación de pareja. Reflexiona y considera si debes encauzar toda tu vida en este sentido. Si tienes hijos has de dedicarles tiempo. No te engañes diciéndote que al fin y al cabo su padre/madre lo agradecerá porque así los tendrá más consigo. Suponiendo que fuera así, quienes no te lo agradecerán serán tus hijos. Precisan de ti. No les prives de tu afecto, ni de tu presencia. Dales parte de tu tiempo. Si no lo haces ahora, más tarde ya no podrás remediarlo. No intentes autoconvencerte de que, al fin y al cabo, trabajas tanto porque así puedes darles mayor bienestar material. No precisan tantas cosas; muchas de ellas no son necesarias. Tu presencia junto a ellos, en cambio, es imprescindible.

Si no tienes hijos, de todos modos vigila tu adicción. Si bien es cierto que el trabajo puede ayudarte, no debiera absorberte tanto que se convierta en tu vida entera. Con esta excusa nunca encauzarás debidamente tu futuro. Sé objetivo/a y reserva tiempo para ti, date una oportunidad, a pesar de que en este momento estés pensando que el trabajo es la única esfera de tu existencia, en la que no solo no te consideras fracasado/a, sino que te aporta satisfacciones y deseos de progreso.

8. Vamos al juzgado. Ratificamos los acuerdos

Parecía que estabas más tranquilo/a, pero súbitamente la comunicación de que debéis ir al juzgado para firmar y ratificar los acuerdos ya vistos por el juez ha vuelto a generar la intranquilidad.

Muchas parejas me han referido cómo al salir del juzgado han visto derrumbarse definitivamente sus esperanzas. El miembro de la pareja que no deseaba la separación, todavía ha estado gestando vagas ilusiones: «Quizás él/ella haya reflexionado», se dice. «Ya ve que estoy bien dispuesto/a, por tanto, ¿por qué no intentarlo de nuevo?».

Pero nada de esto ha sucedido. Allí estábais y también vuestro abogado, quien muy formalmente os ha comunicado que todo estaba en orden: papeles, firmas y... adioses.

Algo muy intenso se ha removido en tu interior. Va en serio, te has dicho, es definitivo. Quizás habías albergado la idea de que todo cuanto habíais estado haciendo hasta ahora acabaría no siendo cierto. Creías que ya habías asimilado la situación, pero no. Los pensamientos y emociones son muy encontrados, desearías detenerlo/a, abrazarlo/a, insultarlo/a. La impotencia y la desesperación frente a lo inevitable te invaden, el amor, el odio, la desesperanza... Es un momento muy duro.

A su vez, el otro no sabe qué actitud debe mantener. Pensaba que ya estaba todo dicho y asimilado, y se encuentra con alguien que nuevamente se derrumba. No sabe qué decir, quiere marcharse, despedirse, y las emociones son a su vez encontradas.

Salvando algunos casos en que ambos deciden ir a tomar unas copas, lo cual por otra parte es poco real e implica cierto tono de frivolidad, la mayoría de las personas en esta situación, el día del juzgado, pasan lo que vulgarmente se dice «un mal trago». Las emociones juegan muy malas pasadas, no hubieras querido comportarte como lo has hecho, pero no lo has podido evitar.

Por tanto, intenta prevenir la situación. Recuerda que según qué tipo de pensamientos generes, así serán tus emociones. Intenta adecuarte a la realidad. Piensa:

- Hoy es el día de la firma en el juzgado.
- Esto significa simplemente que los acuerdos que tanto nos costó conseguir, van a ser ratificados.
- La situación es la misma que era; lo único que cambia es que ahora es legal. Hoy, como si dijéramos, el juez nos otorga el permiso para vivir separados, pero de hecho ya lo estamos.
- Ahora hemos de saber mantener aquello que nos propusimos; si no, la tarea y el esfuerzo de separarse dignamente habrá sido en vano.

- Esto es un punto de partida. Nuestros hijos de ahora en adelante van a sentir más o menos el peso de la separación según seamos capaces de afrontarla nosotros.

O bien:

- Puesto que no tenemos hijos, hoy cancelamos un proceso. Prácticamente ya se ha hablado todo, y cada uno tiene que pensar en sí mismo.
- Será difícil despedirme de forma correcta, pero he de intentarlo.
- Me va a costar mucho verle triste y desazonado/a, pero dudo que yo pueda hacer nada para consolarle, porque podría suscitar una reacción adversa y no quiero ahondar el dolor. Procuraré mostrarme sereno/a.
- Si a causa de las emociones que está sintiendo, él/ella tiene alguna reacción provocativa, no voy a responder; debo ponerme en su lugar y no dar pie a nuevas discusiones.
- Ha sido una gestión dura, pero ha dado sus frutos. Es un momento difícil, pero es lo que hay. No debo hacerme ningún tipo de ilusiones. Con respetar lo acordado basta.
- ¡Es el día más horrible de mi vida! Bueno, es un día triste para mí, y he de echar mano de todos mis recursos para afrontarlo. He de esforzarme en pensar que la vida continúa y que yo podré seguir.

- No hay ningún motivo para esperar que hoy ocurra un milagro y las cosas sean distintas a como las hemos planeado.
- Sigo pensando que él/ella se equivoca. Pero esto ya lo hemos discutido y se ha mantenido en su postura. No hay nada nuevo que podamos hablar. Se equivoque o no, la realidad es que nuestra separación es un hecho.
- ¿Pero y si algún día él/ella cambiara de parecer? ¿Qué hacemos entonces con este papeleo? Pues nada, nosotros hemos pactado, nosotros rectificaríamos. Nadie nos va a impedir reconciliarnos. De todos modos es muy poco probable que esto ocurra.

Procura que tu pensamiento discurra de forma acorde con la realidad, sin paliar ni exagerar. Prepárate para realizar simplemente una gestión administrativa, rubricando algo que ya habíais decidido anteriormente. Si es de común acuerdo, mucho mejor. Ahora empieza una nueva etapa, y hay que ir abriendo perspectivas.

La separación otorga el derecho a vivir separados y es el divorcio el que rompe el vínculo legalmente. En la actualidad no hay que esperar que transcurra un tiempo para que este sea concedido. Si se desea, el divorcio es inmediato a la separación. Según el INE, los matrimonios optan por el divorcio en un 92,7% de los casos y el resto deciden solo separarse.

A algunas personas esto les aflige doblemente. «¡Encima quiere el divorcio!», comentan. Pero de hecho, si la decisión tomada ha sido firme pocas cosas van a cambiar con la concesión del divorcio. En cualquier caso habrá que seguir adelante de igual forma, cuidar de los hijos y de ti mismo/a.

«Es que esto le permitirá casarse nuevamente», arguyen algunos/as. ¿Y bien? Lo que haga con su nueva vida ya no será de tu incumbencia, aunque ciertamente hay decisiones que siguen atormentando la todavía precaria estabilidad emocional.

De cualquier modo, volverse a casar debiera ser algo muy meditado y de ninguna manera una decisión intempestiva. ¡Hay tantas cosas a sopesar! Entre ellas, los errores cometidos anteriormente.

9. Hacia la estabilización |

Han transcurrido varios meses y de todo ha habido. Desánimo. Días en que pensabas que ya todo había sido superado pero no era así porque luego volvías a hundirte. Son tantas las pequeñas cosas que hacen resurgir la ansiedad, la tristeza o los temores... Un día que hablaste con tu ex; uno de tus hijos que parece menos alegre que antes; un amigo que te ha contado que...; días grises sin nada que los alegre.

No te inquietes, le ocurre a todo el mundo. Los estudios demuestran que los efectos de la separación y/o del divorcio pueden prolongarse durante más de dos años, en forma más o menos aguda. Más o menos tiempo, nadie se salva de ello. La intensidad del sufrimiento dependerá de muchos factores: del impacto inicial, de quién planteó la separación, de la personalidad de cada uno, de su capacidad para enfrentar situaciones nuevas y del ámbito social que le rodee, en el sentido de poseer familia y amigos, o por el contrario contar apenas con una o dos personas. Y sobre todo de cómo se ha resuelto el conflicto y de cómo es la etapa posterior.

Lentamente vas recuperando las ganas de encauzar tu vida.

Ya no sientes aquel desasosiego inicial. Quizás en un principio tuviste reacciones tales como: «Pues se acabó, ahora voy a hacer todo lo que me apetezca»; «Saldré e iré donde me dé la gana». Y te lanzaste a una actividad frenética que tampoco te llenaba, más bien te aturdía. Era una forma de no pensar.

Algunos se lanzan a la conquista: «Todavía puedo hacer muchos estragos». Y algunas salen con amigas en situación parecida y hacen como que se dejan seducir. La mayoría de estas relaciones no hacen sino añadir más frustración y ahondar el sentimiento de soledad, porque precisáis ternura y difícilmente la aportan estos encuentros.

Ahora, no obstante, parece que se ha superado esta etapa. Deseas conocer gente nueva, pero ya no sientes la urgencia de demostrar que «vas a encontrar a alguien cuando quieras» o que «todavía puedo ser muy atractivo/a». La realidad va afianzándose. Empiezas a asimilar la situación y sobre todo empiezas a pensar que «no ha sido el fin del mundo». Las cosas quizás transcurren mejor de lo que esperabas. No ha sido tan difícil poner en marcha el nuevo sistema de vida. En ocasiones ha habido dificultades, cuando han surgido problemas no previstos, decisiones que tomar, pero se han reconducido.

Si tienes hijos, estás constatando que has podido establecer con ellos una buena relación. Si viven contigo, ya no te sientes tan agobiado/a por la responsabilidad del día a día. Te diviertes con ellos, los ves marchar sin la desesperación inicial. No tienes ya la sensación de que tú solo/a no podrás afrontar nada, ni que necesitas consultar cada paso.

Si no tienes hijos, has empezado a reorganizar tu vida en solitario. Está bien poder pensar en uno mismo, trazar planes, encontrarse con los amigos. Empiezas a reír más fácilmente, tienes más ganas de arreglarte y sales de casa con más ánimo, más brío.

Bien, esto está bien. Continúa por este camino y no lo abandones aun cuando aparezcan todavía algunos baches. No te irrites si te cuentan que han visto a tu ex con... o que saben de buena tinta que.... ¡Qué más da! ¿Te aportan algo bueno estas noticias? Muy probablemente, no. Por tanto, cuando te vengan con chismorreos, detenlos y manifiesta que no te interesan.

Con el tiempo, puede ocurrir también que algunos de los acuerdos o disposiciones iniciales se deterioren o se deban introducir cambios. Atención: no hay que confundir los cambios normales que son simplemente adaptación a nuevas circunstancias, y que deben ser apoyados y favorecidos, con el no cumplimiento de alguna obligación esencial, por ejemplo, no respetar los acuerdos económicos, poner obstáculos al derecho de visitas o dejar de ejercerlo. En este caso, si el problema no se solventa hablando de ello de forma sensata, pero asertiva, deberéis informaros acerca de cómo solucionarlo. Siempre es mejor encontrar vías de diálogo y acuerdo que recurrir al litigio legal, que solo habrá que ejercer como último recurso, una vez agotadas todas las posibilidades. Siempre que sea posible, empero, intentad mantener los hijos al margen de juicios y enfrentamientos.

Todo este asunto te ha proporcionado dolor, aflicción, fracaso. De acuerdo, pero ahora debes reconvertir tus sentimientos, es algo que ya debes perdonar. Todavía más, debes perdonarte a ti mismo/a todas las recriminaciones y autoacusaciones que te has infligido: ¡Ya basta! ¡Perdónate! Es esencial. Es una tarea que debes imponerte. Difícilmente podrás perdonar si no te perdonas. No dejes que tu aflicción perdure, que contamine tus relaciones, malogre tu sueño, rebaje tu autoestima y te impida tomar decisiones.

Si todavía no lo has hecho, retira las fotos que tanto te recuerdan y suelen oprimirte, guárdalas en un cajón muy hondo. Cambia la decoración, dispón los muebles de forma diferente, pinta las paredes o empapela de nuevo. Pon una música alegre y no aquella que sabes que te acongoja. Ni culpes, ni te culpes. Ha pasado un trozo de tu vida, pero queda más por vivir y hay que hacerlo, disfrutando de nuevos planes y experiencias. Sal de ti mismo/a. Intercambia proyectos, opiniones. Intenta ayudar a alguien que lo precise, escucha a los demás. Deja de situar tus problemas en primer plano, empiezan a pertenecer al pasado.

Sigue cuidando tu aspecto: cambia el estilo de tu pelo o el color si te apetece. Quítate o déjate la barba si lo deseabas y no te atrevías porque a ella no le gustaba. Ponte la ropa que más te favorece. Mírate al espejo y di: «Estoy afrontando bien la situación. Cada día me siento mejor. Estoy en una buena senda, recupero la normalidad»; «Puede que todavía sufra algunos momentos difíciles, pero no habrá pasos hacia atrás».

Procura hacer ejercicio físico. Si ya lo estás haciendo, no lo dejes. Si no has empezado, inícialo. Cuando menos, anda, hazlo vigorosamente, rítmicamente, y conforme andas, repite: «Estoy sano/a, estoy vivo/a». Ensancha tus pulmones, respira profundamente, oxigena tus arterias. Es importante mantenerse en forma. Ya sabes la antigua sentencia: *Mens sana in corpore sano.*

Expresa tus emociones: la sorpresa, la alegría. Prepara una pequeña fiesta. Una cena para los amigos especiales, que tanto te han ayudado. Invita a tus padres un día. Mucha gente ha estado pendiente de ti. Muéstrales que empiezas a sentirte bien.

Mantén las aficiones. Reserva tus ratos de ocio. Si eres una persona muy activa, quizás pienses que son una pérdida de tiempo, ¡con tantas cosas que tienes que hacer! No es cierto. Además, ocio no significa no hacer nada. Sí significa en cambio recuperación de energías, cambio de actividad, poder leer, cuidar las plantas, escuchar música o dedicarte a tu entretenimiento o afición preferido. Y todo ello redunda en salud y en bienestar.

Como ya hemos dicho en otro capítulo, no olvides la importancia de la nutrición en el mantenimiento de un buen estado de ánimo. La nutrición y la buena forma física son vitales para tu recuperación. Algunas personas han solicitado ayuda, toman medicación, se asesoran, pero no se alimentan adecuadamente, no han dado importancia a este factor. No obstante, recuerda esto: **la persistencia de una dieta exagerada o la falta de los nutrientes adecuados es-**

tán sumamente relacionados con el mantenimiento de la depresión.

Procura que los grupos de alimentos más básicos formen parte de tu menú habitual. Y recuerda que no debes eliminar desayunos ni cenas. Es mejor comer alguna cosa entre horas que pasar muchas horas sin comer. Aunque no tengas mucho apetito, debes suministrar a tu organismo la energía que precisa. Recuerda que el cuerpo es una máquina que no se enchufa ni se autoabastece. Solamente cuenta con lo que tú le proporcionas mediante tus comidas, y estas deben ser ordenadas y variadas, y poseer todos los elementos esenciales.

Es muy probable que hayas tenido que hacer reajustes económicos. Por tanto intenta mantener a flote tus finanzas. Reordena tus necesidades y redistribuye tus ingresos. Si no ha sido preciso, mejor. Pero en cualquier caso, hay que ser razonable en el gasto. Ponerse a hacer grandes dispendios, tirar de tarjeta de crédito sin mesura o hacer muchas compras a plazos no solucionará tus crisis de angustia. Al revés, junto al desánimo, la soledad y la congoja, lo último que precisas son deudas, números rojos y la intranquilidad que suele ir aparejada a estas situaciones.

Date permiso para reorientar tu vida hacia nuevas direcciones. Deja de sentirte ligado/a al pasado y espera el futuro. No pienses tanto en tu soledad e interésate por los demás. Si ya eres «tu mejor amigo», disponte a serlo de otras personas.

Disfruta de tu familia. De tus hijos. Inventa actividades conjuntas. Prepara pequeñas celebraciones. Invita a tus seres más queridos. También ellos se están recuperando. Les proporcionará gran alegría verte nuevamente en forma.

Procura no dejarte llevar por la rutina e introduce pequeñas licencias en tu vida. Goza de un pequeño viaje, de la invitación de unos amigos, de un deseo que no habías podido realizar. Sigue abriendo puertas. Sigue reformulando lo que piensas, siempre de modo más realista, más objetivo.

De vez en cuando puede que surjan algunos problemas, nuevos escollos. También ocurriría si siguieras casado/a. Serían quizás distintos, pero los tendrías. Por tanto no te encalles rememorando otra vez que, si no os hubiérais separado, eso no ocurriría. Pasarían otras cosas. Recurre a las estrategias de solución de problemas. La primera, ciertamente, es utilizar el sentido común; échale un poco de humor y resuelve tus cuitas. Pero sigue adelante. Todo irá bien.

Y hablando del humor, utilízalo. Es un gran bálsamo. Ríete un poco de ti mismo/a, de algunas cosas que suceden a tu alrededor y del mundo en general. No de forma cáustica, sino sana y jovial. Al paso que abres unas puertas, cierra otras. Cierra las del pasado. No consientas que tus expectativas de futuro permanezcan ligadas a una persona, a unas circunstancias, a una casa... Despréndete definitivamente de las ataduras. Guarda aquello que fue bueno, pero en la buhardilla de tu memoria, y cierra definitivamente la puerta al rencor, a las falsas expectativas, a «lo que pudo ser», a todos los recuerdos. Imagina que redactas una carta de despedida, dándote por fin permiso para organizar tu vida sin miedo a abandonar el pasado.

Recordad

- Perdona y perdónate. Has vivido una etapa de tu vida, te quedan otras por vivir.
- Cuídate. Recuerda la necesidad de descanso, de nutrirte adecuadamente, de hacer ejercicio físico moderado. Mímate un poco. Al fin y al cabo, el último responsable de tu felicidad *eres tú mismo/a.*
- Ahora estás ya en condiciones de hacer cosas por los demás, de agradecer su ayuda y prestar la tuya si es preciso.
- Puede que vayan surgiendo algunos problemas de reajuste. No aproveches el más mínimo fallo para cambiar lo pactado, manifestar que «ya lo sabías», poner trabas al derecho de visitas o litigar. Pueden aparecer circunstancias de cambio de trabajo, enfermedad, etc., que obliguen a buscar nuevas soluciones. Esto también ocurre cuando los padres no se han separado. Ejerced la empatía y la comunicación adecuadas.
- Organiza tu economía. No vivas por encima de tus posibilidades, ni te empeñes en que no puedes hacer nada porque es mejor ahorrar y como consecuencia no te permites ninguna veleidad ni capricho.
- Recupera amigos, diversiones; haz planes.
- ABRE PUERTAS a la par que CIERRAS las del pasado. Es otro momento de la vida. Esta prosigue y en tus manos está cómo diseñar tu futuro.

- Sigue PENSANDO POSITIVAMENTE: «Estoy bien»; «Recupero la normalidad». Toda experiencia es vida, para bien y para mal. Al igual que Neruda, podrás decir: «Confieso que he vivido».

10. Hay otra persona

Yo tengo una pareja

En el camino hacia la normalidad muy bien pudiera ser que encuentres a otra persona. La mayoría de los que se separan vuelven a vivir en pareja. Según estadísticas, un 80% de los que lo hicieron alrededor de los treinta años se casan en el transcurso de cinco años. De hecho, parece constatarse que:

- La mayoría de la gente desea vivir en pareja.
- Muchos siguen manteniendo la expectativa de que debiera ser «para toda la vida».
- La mayoría no han aprendido gran cosa sobre sí mismos.

Dijimos en capítulos anteriores que olvidaras de una vez el pasado y construyeras el futuro. Y seguiré insistiendo en ello. Pero en este momento hay algo que debes preguntarte, y no «¿Qué es lo que hice mal? ¿En qué me equivoqué?». Los reproches y las culpas han terminado.

Si nuevamente deseas reemprender la vida en pareja, puede resultar positivo analizar qué papel jugabas tú en tu anterior relación; qué expectativas tenías, qué te había inducido a casarte.

Si consideras que convivir con alguien es aceptar un contrato de ayuda y comprensión mutuas, es preciso que revises los términos del mismo, y que averigües qué pedías tú a la relación. No se trata ahora de volver a cuestionarte qué es lo que no funcionó y por culpa de quién, sino de aprender sobre ti mismo/a y tu capacidad para vivir en pareja. ¿Has sido excesivamente dependiente o, por el contrario, te gustaba tomar todas las decisiones? ¿Has estado pensando que la satisfacción del 100% de tus necesidades provendría de tu pareja? ¿Crees que nunca hubo la suficiente intimidad para hablar de los auténticos problemas de cada uno? ¿Opinas que siempre te dejabas llevar o, por el contrario, que solo tú tratabas de mantener los objetivos de vuestra vida en común? ¿Te cuestionabas en silencio? ¿Te decías «¿Qué espera de mí, qué quiere que haga?» o bien: «Sé lo que quiero y lo que necesito; a ver si puedo encarrilarlo/a de forma que me lo dé»?

La aceptación y la comprensión entre dos personas es lo que proporciona seguridad y estabilidad emocional. La clave de la satisfacción total suele estribar en LA COMUNICACIÓN, en todos los niveles y ámbitos.

Uno de los motivos más frecuentes de ruptura radica en el hecho de no haber sido capaz de comunicar lo que era importante para uno. En el centro de las motivaciones y reacciones se hallan un sinfín de deseos, miedos, esperanzas y frustraciones de las que nunca se ha hablado. Las personas pueden permanecer una junto a otra durante años y ser unos desconocidos.

Ahora que has recuperado tu autoestima y tu seguridad, ahora que has visto de lo que eres capaz y has aprendido a re-organizar tu vida, no la vuelvas a hipotecar jamás. Si no es así y simplemente estás intentando hallar a alguien que te compense de lo que has sufrido, piénsalo con detenimiento. Podría ser que volvieras a iniciar una relación sin las premisas adecuadas para el éxito. Quizás hayas encontrado un buen amigo/a, pero no una pareja.

Con frecuencia se piensa que la pareja debe formar dos círculos concéntricos en los que se funden Tú y Yo, y aparece el Nosotros. Lo que suele ocurrir casi siempre es que uno de los dos asume como propias las decisiones y deseos del otro, y no progresa como individuo. Cuando se da cuenta de ello, la factura a pagar es ya muy alta.

Es mucho mejor que la pareja sea interdependiente, es decir, TÚ más YO más LO QUE COMPARTIMOS = NOSOTROS. No es bueno que nadie renuncie a su individualidad. Por el contrario, la vida en pareja, si funciona, ha de propiciar el enriquecimiento de cada uno. Por tanto es preferible imaginar a la pareja como dos círculos secantes con una gran zona compartida: intereses, proyectos, responsabilidades e ilusiones.

Si la vida en pareja ha de tener un futuro, y creemos que sí, debe organizarse alrededor de unas premisas distintas de las que dieron lugar a la familia de antaño. Y entre esas premisas está la autonomía de cada uno de sus miembros, el crecimiento personal, la aportación de ambos a los objetivos e intereses mutuos.

No puedes estar con alguien porque eres incapaz de estar solo/a. Al menos no puedes hacerlo sin grave perjuicio para ti mismo/a. No se trata de estar agradecido por lo que recibes, ni de pretender que alguien te proporcione todo aquello que precisas. Se trata simplemente de un tipo de interacción recíproca, que comporta un equilibrio entre lo que das y lo que te dan. Si estás con alguien debiera ser porque quieres, porque te satisface y porque el balance de la relación es positivo.

Si tienes hijos, por supuesto que entran en juego muchas otras consideraciones: cómo van a aceptarlo/a, cómo se va a llevar él/ella con tus chicos, etc. Puede que tú no tengas hijos pero los tenga él/ella, o los tengáis ambos. Evidentemente estas son circunstancias que establecen nuevas dimensiones que hay que tener en cuenta.

Como dijimos en capítulos anteriores, hay que comportarse con naturalidad, sin precipitación y sin olvidar el papel que juega cada uno. Salvo circunstancias adversas en las que uno de los progenitores ha desaparecido y dimitido de sus responsabilidades, tus hijos y los suyos ya tienen un padre/madre. Por tanto, tu nuevo compañero/a no debe ejercer como tal ni debe sustituir o suplantar a nadie.

Es evidente que si a la larga vais a convivir todos juntos, habrá que unificar criterios educativos, pero las decisiones a tomar acerca de los hijos seguirán compitiendo a sus padres biológicos, tal como ya se acordó. Lo que no obsta para que aquellos puedan establecer una excelente relación con tu nueva pareja. Hay que ser paciente. La reestructuración de la vida familiar requiere tiempo, comprensión, flexibilidad. Nunca pueden, ni deben, forzarse los sentimientos.

Las situaciones pueden ser muy diversas. Por ejemplo, pudiera ocurrir que tu separación se haya llevado a cabo muy correctamente, pero no así la de tu compañero/a, quien sigue litigando todavía, o se ha visto excluido del trato con sus hijos, etc. Puedes aconsejar, dar tu parecer, pero evita dar lecciones. En este caso, no obstante, deberéis saber acotar los terrenos, porque son estas unas circunstancias que suelen interferir en gran manera en la relación de la pareja. Si uno de los dos no ha alcanzado todavía la suficiente serenidad post-separación, está muy traumatizado, vive solo pendiente de resolver sus problemas, quizás no sea este en absoluto el momento de plantear una convivencia. Como mínimo habrá que revisar las posibilidades de viabilidad y dar tiempo al tiempo. Nunca es bueno precipitar las cosas.

He conocido algunas personas que, por las circunstancias de ambos, separados o viudos, con hijos ya crecidos, superada la etapa de soledad han conocido a alguien con quien comparten diversiones, intereses y afinidades. No obstante, dada su situación personal han pensado que no van a instaurar una convivencia. Suelen ser relaciones muy gratificantes. Cuentan con muchas de las características del noviazgo. Se ven cuando lo desean, o ambos tienen tiempo libre. Se arreglan el uno para el otro. Se invitan, se sorprenden, viajan juntos. Es decir, comparten un sinfín de situaciones agradables, lejos de los agobios del día a día. En espera quizás de que los hijos abandonen el hogar, o simplemente porque ninguno de los dos desea renunciar a su hábitat, a su autonomía, a sus ratos de soledad. Puede y suele ser una relación fructífera y saludable. En cada caso habrá que estudiar cúal es la mejor solución, pero:

Recordad

- No debes iniciar una nueva pareja únicamente para paliar tu soledad y porque todavía tengas un montón de problemas personales por resolver.
- Por el contrario, debes elegir y decidir desde tu independencia personal.
- La relación que establezcas no ha de perjudicar tu evolución como persona; al revés, debe beneficiarte porque te proporciona estabilidad y equilibrio.
- Debiera ser una relación interdependiente.
- Si tienes hijos, dales tiempo para que se habitúen a tu nuevo/a compañero/a.
- No precipitéis la convivencia ni pretendáis arrogaros funciones que no os competen, en relación a los hijos del otro.

Él/Ella tiene una pareja

En el camino de la recuperación, cuando ya las cosas se van encauzando, súbitamente te enteras de que él/ella tiene una pareja. En muchos casos esto produce una extraña sensación: ¿celos? ¿preocupación? ¿desengaño? Quizás de todo un poco. Depende, como todo, de las propias circunstancias. De si uno está solo o también acompañado, o de si todavía sostenía expectativas más o menos latentes de posible reconciliación. Surgen nuevas preguntas sobre si cambiarán ahora las cosas o qué ocurrirá con los hijos.

Es curioso que puedan aparecer de nuevo estos sentimientos, mezcla de celos, envidia y/o rencor. Significa que, para algunas personas, el hecho de que el otro estuviera solo les permitía tolerar mejor la separación. Implica que, de alguna forma, todavía se sentían vinculados al que fue su esposo/a. Puede significar también que el rencor no se haya apagado y fastidie la posibilidad de que el otro halle la felicidad. Si esto te ocurre rechaza estas emociones. Vuelve a recordar de forma realista cúal es la situación, y la situación real es que cada uno de vosotros puede y debe reanudar y restaurar su vida, y en este proceso la formación de una nueva pareja es más que probable.

Los sentimientos negativos no te van a ayudar en absoluto. Procura contrarrestarlos, cámbialos por otros más adaptativos. Por ejemplo: «Él/ella, al igual que yo, tiene derecho a nuevas oportunidades»; «Si está más contento/a, mis hijos se beneficiarán de ello, porque su estado de ánimo habrá cambiado positivamente». Y no: «Ahora se olvidará de los niños». Piensa: «Después de nuestra experiencia espero que haya aprendido algunas cosas sobre sí mismo/a». Y no: «Ahora le dará a esta persona todo lo que me negó a mí». Recuerda que tus emociones serán distintas si tus pensamientos son más objetivos y adaptados a la realidad.

Supongamos que temes por tus hijos, en el sentido de que vayan a quedar relegados, o que te fastidia simplemente que otra persona vaya a intervenir en sus vidas. En cuanto a lo primero, si hasta ahora se habían respetado los acuerdos no hay por qué temer que deje de ser así. Si ello ocurriera, esta sería una de las ocasiones para dialogar serenamente y recomponer la situación, y si no pudiérais hacerlo los dos, recurrid al arbitraje de la persona apropiada. En cuanto a lo segundo, ejerce un poco la empatía, ponte en la piel del otro, el cual también ha sufrido y empieza a restablecerse. Deséale lo mismo que deseas para ti. Si habéis seguido las indicaciones dadas, él/ella también sabrá cómo reconducir la situación. Nadie va a quitaros vuestro protagonismo como padre/madre. Nadie va a sustituiros.

Puede resultar dolorosa la situación del cónyuge que no tiene la guardia y custodia cuando alguien va a vivir con su antigua pareja y empieza a pensar que este alguien va a tener más contacto con sus hijos que él mismo. Pero si las cosas se han llevado a cabo como es debido, ten la seguridad de que en el corazón de tus hijos nadie va a ocupar tu lugar. Por otro lado, si la nueva pareja de tu ex es una persona razonable y la estabilidad de su relación parece manifiesta, lógicamente el ambiente familiar va a mejorar, lo cual redundará en beneficio de los hijos, dado que su padre/madre habrá recuperado el equilibrio y la confianza en sí mismo/a.

No caigas en la tentación de poner en guardia a tus hijos: «Cuidado con..., seguramente querrá ocupar mi lugar...»; «Estoy segura/o de que ha engañado a papá/mamá». No sería justo para ellos. El deseo de complacerte puede hacerles adoptar actitudes que frustren un buen entendimiento, por otra parte deseable, y el recelo y la desconfianza introducidos pueden ser un nuevo motivo de inseguridad en su camino hacia la adaptación. Adopta siempre el papel del otro. Piensa que es lo que deseas cuando esto te ocurre a ti, y obra en consecuencia. Vuestras nuevas parejas pueden ser figuras que ayuden al equilibrio y la estabilidad de vuestros hijos sin menoscabo para vosotros. No deben asumir responsabilidades que no les competen, pero sí van a estar implicados en la ejecución de las pautas propias del día a día del hogar, en las manifestaciones de alegría, en las preocupaciones y en las enfermedades; vosotros vais a estar mucho más tranquilos si sabéis que junto a vuestro ex hay una persona que vela por todo ello.

Al igual que vosotros mismos, seguramente vuestro/a ex no consolidará una nueva vida de pareja si no se reúnen las condiciones que ya hemos descrito, y al igual que vosotros deberá dejar que vuestros hijos asuman la situación lentamente. Y si no fuera así, habrá que ayudar a reconducir las cosas mediante el diálogo apropiado y la consulta idónea, pero nunca estropeéis los avances ya logrados hasta ahora ni malogréis los éxitos obtenidos en la búsqueda del bienestar de vuestros hijos.

Recordad

- Tu ex tiene el mismo derecho que tú a reconstruir su vida sentimental.
- Desecha los pensamientos y sentimientos negativos. Únicamente te aportarán sinsabor y mezquindad.
- Si tenéis hijos, piensa que esto también puede ser positivo para ellos.
- Rehúye los temores; por propia experiencia sabes que un mejor bienestar personal redunda en beneficio de la interacción padres/hijos.
- También por propia experiencia sabes que los nuevos afectos no menguan el amor que sientes hacia los hijos ni reducen tus responsabilidades.
- No elabores ni fomentes animosidades. Es muy probable que carezcan de todo fundamento, y a buen seguro que van a interferir negativamente en el establecimiento de las nuevas relaciones, impidiendo que se cree la adecuada interacción.
- Las parejas estables de los padres pueden llegar a ser una valiosa ayuda en la tarea diaria educativa de vuestros hijos y en la consolidación de su equilibrio afectivo.

11. La separación después de muchos años de vida en común

Hay algunos casos en que la separación se produce después de muchos años de vida juntos, con los hijos ya mayores y fuera del hogar paterno. He conocido algunas parejas que se han roto porque uno de ellos ha dicho que ya había cumplido con su deber. Los hijos eran mayores, habían terminado sus estudios, ya eran independientes y «hasta aquí he llegado».

Recuerdo el caso de un padre de familia que cuando notificó a sus cuatro hijos, todos mayores de edad, que se iba a separar de su madre porque solo había aguantado todos aquellos años por ellos, le contestaron que si había esperado tanto, ya podía tener paciencia unos años más. Ello denota (además de cierta carencia de empatía) que habitualmente los hijos, a todas las edades, en su mayoría no aceptan con agrado la separación de sus progenitores. En otros casos, la aparición de una tercera persona, habitualmente más joven, aunque no siempre, da al traste con la unión. Suele ser más frecuente que sea el marido quien plantea esta situación, pero también puede darse la circunstancia de que sea al revés.

Si siempre es dolorosa la separación, cuando ésta se da a ciertas edades, después de un largo tiempo juntos, en una etapa ya otoñal de la vida, comporta una gran tristeza. Sobre todo en aquellos casos en que parecía que no había problemas importantes o al menos eso aparentaba, aunque seguramente algo estaba ocurriendo. Las mujeres víctimas de esta situación, muchas de ellas mujeres que se casaron muy jóvenes, que renunciaron a sus trabajos y solo se cuidaron del marido, los hijos y el hogar, se encuentran súbitamente en una situación de total desamparo. Se aleja el compañero de más de media vida, los hijos ya no están en casa, la economía puede sufrir grandes cambios y todo ello las sume en una sensación intensa de indefensión. Si el motivo ha sido la aparición de una tercera persona, a ello se suma un sentimiento de humillación y rabia que acentúa el deseo de venganza. Deseo que, aunque comprensible, habrá que aprender a controlar.

Los hijos, en general, se hallan desconcertados. Suelen intentar actitudes conciliadoras. Ruegan que se medite la decisión. Pueden inclinarse a proteger al que a su juicio sale peor parado y en algunos casos intentan no tomar partido, lo que muy probablemente les acarree la ira cuando menos de uno de sus progenitores.

La situación es distinta si la ruptura se produce para acabar con años de mal vivir. En este caso los hijos intentan paliar la situación y tratan de hacer ver al que se siente más herido/a que «va a ser mucho mejor para ambos». Es curioso, pero personas que deseaban acabar con su relación, cuando es el otro quien toma la iniciativa se sienten humi-lladas y/o heridas.

No obstante, en estos casos, si ambos poseen medios de subsistencia y no hay excesivos problemas materiales, lo me-jor que pueden hacer es acabar dignamente, pactar de forma adecuada, guardar los buenos recuerdos, que alguno habrá, y no complicar la vida a sus hijos exigiendo que cierren filas a uno u otro lado. Los dos reconocen que la relación no fun-ciona ni ha funcionado, los dos la acaban lo mejor posible.

Veamos algunos ejemplos:

Carlos y Manuela llevan 35 años casados, tienen tres hi-jos. Ambos están jubilados, aunque la pensión de ella es mí-nima porqué solo trabajó media jornada a fin de atender mejor las necesidades de sus hijos. Disponen de una casa confortable. Los hijos ya casados. Tienen siete nietos y am-bos ayudan como abuelos, llevar y recoger del colegio, aten-der a los que enferman para que sus padres puedan seguir trabajando, etc.

Hace unas semanas, Carlos ha planteado que desea la se-paración. Considera que su compromiso con Manuela ya no tiene razón de ser, que ya nada le une a ella, que con dema-siada frecuencia le ha impuesto su criterio ¡y que ya basta!

Manuela por su parte no sale de su asombro, no reconoce los problemas que él le achaca, dice que Carlos a su vez tiene un carácter difícil y que ella también ha sufrido sus desplan-tes. Pero que en conjunto no hay nada que no pueda solu-cionarse.

¿Qué dicen los hijos? Dos por lo menos desearían su reconciliación.

Uno de ellos opina que quizás sea la mejor solución para ambos.

A partir de aquí, y dado que la decisión de Carlos es irrevocable, habrá que hacer frente a varios problemas. La casa, grande y confortable, no desea abandonarla ninguno de los dos. De hecho resulta excesivamente grande para dos, más aún para uno solo. Hasta ahora era el sitio idóneo donde reunir a toda la familia.

Carlos reconoce que es un problema. Se aviene pues a irse él el primero, y da un año de tiempo a su esposa para buscar comprador y con el dinero de la venta solucionar la vivienda para ambos. Reconociendo que la pensión de ella es bastante exigua, decide que la complementará con una cantidad que permita su subsistencia. Harán inventario de lo que poseen y él se llevará los enseres que precise para iniciar su nueva vida.

Han llegado hasta aquí después de mucho deliberar, mucho hablar y suplicar, y finalmente han acordado las medidas más urgentes. Pero quedan todavía muchos problemas, no de orden material pero sí muy humanos y que también piden solución.

¿Qué harán los hijos de ahora en adelante? ¿Nunca más podrán celebrar juntos las fiestas familiares? Si invitan a uno, ¿el otro pondrá el veto? ¿Y qué pasa con los nietos? ¿Colaborarán por separado? ¿No podrán asistir juntos a bautizos, comuniones, fiestas del colegio, eventos deportivos de los niños?

Es otra visión distinta de la problemática que habíamos analizado hasta aquí, pero no por ello el mensaje ha de ser muy diferente. De ellos y de su capacidad de pactar y desechar el mantenimiento de los rencores va a depender que esa familia pueda mantenerse mínimamente unida. No es justo cargar a los hijos, aun cuando sean adultos, con la responsabilidad de mantener el estado anímico de los padres, y además tener que hacerlo por separado. Tampoco lo es exigirles lealtad incondicional a cada uno de ellos. Si se empeñan en ello, lo más probable es que los hijos se alejen de ambos para evitar problemas.

Aunque esta situación resulta dolorosa, la forma de paliarla no va a ser mediante posiciones drásticas, sin ningún tipo de conciliación. Por el contrario posturas menos irreductibles pueden facilitar encuentros, evitar que los hijos padezcan ante las quejas y críticas de cada uno: «¿Sabes la última de tu padre?» «Si va a venir tu madre a mí no me esperéis para el bautizo». O bien, acaba de nacer un nuevo nieto y ambos se encuentran en la clínica y no se saludan, etc., etc. En este caso, en que la ruptura no se produce por la aparición de terceras personas y tampoco porque la vida en común haya sido tempestuosa o con continuos enfrentamientos, quizás sea una decisión que responda a un momento de la existencia que se vive como crítico. En tales circunstancias es más que probable que si no se azuzan los rencores se produzcan momentos de reflexión. Si tanto Carlos como Manuela intentan por separado salir adelante, cultivando sus aficiones, que las tienen, integrándose en grupos sociales con intereses comunes y siguiendo con su ayuda a los hijos cuando la precisen o simplemente para pasar un rato agradable con los nietos, es probable, repito, que los encuentros familiares cuando se produzcan no sean un motivo de malestar agudizado. Lentamente quizás se limen antiguas asperezas y quizás también lentamente se produzcan algunos reencuentros entre ellos dos, ahora ya sin inquina y sin deseos de venganza. Y aun cuando prosigan separados, tal vez puedan ya recordar todo aquello que en un tiempo les unió, todo lo que tuvo de bueno su vida en común y todo lo que todavía les une en la actualidad. Llegados hasta aquí algunos inician el retorno, o quizás no. Pero si se mantienen en pie de guerra ningún reencuentro va a ser posible y las reuniones familiares, aunque sean solo en fechas muy concretas, nunca se podrán llevar a cabo.

Antonio y Teresa llevaban 32 años casados. Tenían dos hijas ya independizadas y dos nietos de la hija mayor. Aparentaban ser un matrimonio modelo, se habían casado jóvenes y enamorados. Pero un buen día Teresa dijo haber conocido a alguien junto a quien quería pasar el resto de sus días, dado que con Antonio siempre había tenido que aceptar sus decisiones y proyectos y casi nunca había podido ser ella misma.

En este caso, Teresa había cometido el error de silenciar lo que la desagradaba, de mostrarse sumisa en exceso, de no exponer abiertamente los problemas por los que su unión atravesaba…, aunque ciertamente es muy probable que Antonio tampoco lo propiciase. Cuando no se comunican los deseos y no se corrigen los errores a tiempo, siempre se llega demasiado tarde.

En fin, Teresa dejó su hogar y se fue a convivir con la persona con quien creía poder ser más feliz. Antonio, enfurecido, sintiéndose estafado, dijo que nunca más querría saber nada de ella, para él había muerto. Luego se encerró en su rencor y su ira y también en su depresión. Sus hijas se desvivieron para atenderle, su familia cerró filas junto a él. No obstante, en muchas ocasiones, Antonio, orgulloso, rechazaba la ayuda, la compañía. Se convirtió en un ser huraño, pocas veces sonreía e incluso con los amigos se mostraba cínico y poco comunicativo. Algunas veces reprochaba a sus hijas que siguieran en contacto con su madre. Ellas procuraban hacer caso omiso y seguían ofreciendo su ayuda.

Pasaron los años. Teresa parecía ser feliz en su nueva vida aun cuando lamentaba la situación de Antonio. Hijas, yernos y nietos veían a ambos siempre por separado. Teresa solía dejar el campo libre cuando había fiestas familiares para que Antonio asistiera sin reparos.

Un día, el compañero de Teresa murió súbitamente y ella se quedó sola. Afrontó la situación e intentó sobreponerse. Pero más adelante, fue ella quien enfermó gravemente con una dolencia degenerativa. Una de las hijas se la llevó a su casa. Buscaron una cuidadora para intentar mantenerla allí. Se turnaban, los jóvenes también ayudaban. Entonces Antonio dejó de ir a casa de sus hijas. Les dijo que podían olvidarse de él, dado que debían cuidar a su madre, quien al fin y al cabo tenía merecido lo que le ocurría.

Muy triste ¿no? Si inicialmente Antonio fue víctima de la deserción de su mujer, al final lo fue de su propio rencor. Sin darse cuenta, por otra parte, de lo injusto que estaba siendo con sus hijas, a quienes podría haber aliviado con una mayor comprensión y afecto.

En otras ocasiones, como ya hemos mencionado anteriormente, la pareja se rompe, porqué después de muchos años de convivencia, él se enamora de una persona mucho más joven, a veces coetánea de sus propios hijos. (Puede ocurrir que sea ella, pero no suele ser frecuente.) En muchos casos las cosas no iban mal pero quizá se había instalado la rutina, la vida en común carecía de emociones, una existencia sin sobresaltos, para algunos excesivamente plácida. Y como en tantas ocasiones, nadie dio la voz de alarma y nadie sugirió que deberían revisarse algunas cosas.

Cuando esto ocurre sería aconsejable recordar todo lo dicho en el Capítulo 2, en el parágrafo «Me he enamorado de otra persona». Con más motivo en esta ocasión, dado que estamos hablando de personas en general más cerca de los sesenta que de los cincuenta años. En este momento se sienten jóvenes, llenos de un nuevo vigor, exultantes. Habrá que considerar, no obstante, todas las situaciones que se derivarán de la ruptura con todas sus consecuencias. Y si la relación de pareja ha sido satisfactoria la mayor parte del tiempo y no está agotada, mayor motivo para reflexionar a tiempo. Reflexionar sobre la lealtad debida. Reflexionar sobre si pasado este estado de enamoramiento se podrán satisfacer las demandas de la nueva pareja en diversos ámbitos. Puede que ella desee tener un hijo, mientras que tú ya eres abuelo o vas a serlo pronto. Reflexionar cómo van a ser a partir de ahora las relaciones con tus hijos. Reflexionar honestamente y siendo realista. Algunos, en esta situación, afirman que van a ser muy generosos con su pareja y que intentarán que no sufra ningún tipo de privación. Por supuesto que este es un mínimo a ofrecer si se dan las condiciones para ello. Nadie, empero, va a poder paliar durante mucho tiempo el vacío afectivo que va a padecer y el sentimiento de traición.

Si a pesar de las reflexiones la ruptura se produce, habrá que afrontarla. También en este caso, aunque parezca que intentar litigar, hundir y humillar al desertor/a sea un acto de estricta justicia, mejor no hacerlo. Pactar condiciones beneficiosas, por supuesto. Si es preciso recurrir a un abogado, porque «no me veo capaz de afrontar la situación», se recurre. Pero huir de los juicios y requerimientos. Ya no hay que pactar la custodia de los hijos. Las discusiones van a ser acerca del patrimonio común si lo hay, y de las condiciones para mantener una existencia sin aprietos.

Uno debe ser equitativo/a y generoso/a y el otro/a si se dan estas premisas ha de huir de las revanchas jurídicas y de todo tipo, si de verdad quiere recobrar la serenidad y rehacer su vida. Lo contrario es el mantenimiento de un conflicto *sine die*, con todo el estrés y ansiedad que suele ir aparejado.

La situación descrita es también difícil para los hijos. De entrada, suelen apoyar al que se queda solo. Lentamente, no obstante, acostumbran a reanudar los contactos con su progenitor/a. Y aquí nuevamente deberá ejercerse la generosidad evitando culpabilizar a los hijos por su acercamiento. En estos casos, dada la asimetría de condiciones, es muy difícil propiciar encuentros familiares. Bastará con que todo el mundo mantenga la calma y lentamente se instale la serenidad, condición indispensable para que la persona que se quedó sola diseñe nuevos horizontes e imprima un nuevo rumbo a su existencia.

Apéndice 1
Habilidades de comunicación

La comunicación es un intercambio de conductas verbales y no verbales, es decir, de palabras, gestos, llanto, risas, gritos, ademanes, etc.

Al hablar de comunicación debemos tener en cuenta:

a) El que habla o «emisor».
b) El que escucha o «receptor».
c) El mensaje y su contenido.

El «emisor» suele tener una intención y envía el mensaje con un objetivo. El mensaje puede ser explícito, confuso, mal formulado... y suele estar mediatizado por el esquema que cada uno posee a la hora de enjuiciar los acontecimientos. El «receptor», a su vez, filtrará el mensaje a través de sus propios esquemas, y el efecto que le produzca puede que se distancie de la intención del «emisor».

A la hora de hablar, por tanto, deberemos tener en cuenta todos los elementos implícitos en la comunicación, a fin de evitar los errores que puedan cometerse en cada uno de los tramos del mensaje. Por ejemplo:

Mercedes dice: «Estoy muy cansada» (cuando en realidad querría decir: «¿Podrías ayudarme?») y Juan contesta: «Llevas mucho rato con esto, déjalo ya» (mientras sigue leyendo). Seguramente ha pensado: «Si estás cansada, pues reposa». Por su parte, Mercedes se ha dicho: «Ya lo sabía, él con sus cosas no se le ocurre echarme una mano», sin darse cuenta de que su mensaje no ha sido en absoluto explícito.

Si, por el contrario, hubiera dicho: «Estoy muy cansada, ¿podrías ayudarme, por favor?», el mensaje habría reflejado su intención de forma explícita y Juan no hubiera tenido que adivinar nada para contestar que sí o que no. A su vez, la respuesta de Juan podría estar mediatizada por su propio filtro. Dicho filtro podría ser: «Nunca puedo leer a gusto un rato, sin que Mercedes me llame», lo cual puede hacer que su respuesta sea menos agradable, o negativa o de enfado. Por ejemplo: «Siempre se te ocurre pedir mi ayuda cuando estoy tranquilo»; «Sí, ya te ayudaré, pero de aquí a un rato, ahora no» o «Deja esto para más tarde, entonces te ayudaré».

Más allá del mensaje verbal estricto, están pues implícitas otras connotaciones que debemos tener en cuenta. En nuestra comunicación habitual, solemos cometer una serie de errores que, con frecuencia, no nos hemos parado a analizar. Dichos errores pueden conducirnos a diálógos infructíferos, discusiones sin salida, tergiversaciones de lo que deseábamos; malos entendidos en suma, que a su vez darán pie a otras situaciones de conflicto.

Es preciso ejercer las adecuadas habilidades de comunicación, teniendo en cuenta no solo los elementos antedichos

(Emisor - Mensaje – Receptor), sino también los elementos y situaciones externas e internas que los acompañan.

Situaciones externas podrían ser: el lugar, el momento, la situación, cosas referidas al cansancio, la comodidad, la hora del día, la postura (sentados, de pie, mientras el otro se dirige hacia la puerta, etc.).

Las situaciones internas podrían estar referidas al estado de ánimo, lo que pienso en aquel momento, mis prejuicios, la intención que encubro...

Todo ello modulado, a su vez, por la comunicación no verbal, es decir:

– El contacto ocular
– La mirada
– El tono y el timbre de la voz
– La postura
– El gesto

El mismo mensaje, según los indicadores no verbales que le acompañen, tendrá efectos muy distintos en el receptor.

Una buena COMUNICACIÓN implica:

• Escuchar. Atender al mensaje del otro.
• Reconocer los mensajes positivos.
• Evitar la ambigüedad.
• Expresión de sentimientos, tanto positivos como negativos.
• Formulación de demandas.
• Formulación de problemas y propuesta de soluciones.

Vamos a hablar por tanto de todos los factores. Dentro de las diversas formas de comunicarse las hay que son:

Favorecedoras de la receptividad

Por ejemplo:
Elección del lugar y momento adecuados: Después de terminar con el trabajo, sin prisas, habiendo comido, escenario tranquilo, sin interrupciones...

Preguntar de forma específica y clara, no ambigua. Por ejemplo: ¿Cúanto dinero crees que podemos destinar a las vacaciones? ¿Es cierto que te vas de viaje? ¿Cúantos días?

Los mensajes «Yo». Al expresar deseos y sentimientos, hablo de mí, no del otro. Por ejemplo: «Yo me siento muy mal cuando no podemos hablar y concretar cosas, porque mi sensación es que no te apetece comunicarte conmigo». «Yo prefiero que me digas qué es lo que deseas, si no hago suposiciones, puedo equivocarme y me inquieto».

Poder aceptar ni que sea parcialmente una crítica: «De acuerdo, a veces hablo con excesiva crispación»; «Es cierto, debo considerar tu punto de vista, a veces lo olvido».

Dar información positiva. Por ejemplo: «Ha sido estupendo que se te ocurriera ir a ver esta película»; «Encuentro acertada tu propuesta acerca de las vacaciones».

Escuchar de forma activa. Por ejemplo, cerca del interlocutor, mirando atentamente, con gestos que denoten comprensión.

Estado emocional facilitador: Evitar hablar cuando estoy enfadado, crispado, contrariado; por el contrario, hay que estar deseoso de hacerse entender, de comprender al otro, de encontrar una solución justa.

Expresar sentimientos: «Estoy muy contento de tu decisión»; «Me alegra que comprendas lo que quiero expresar».

No acusar ni etiquetar. Por ejemplo: en vez de decir «Eres una mala persona», decir: «Te ruego que lo pienses, no creo que quieras causarme perjuicio» o en vez de «Siempre has sido un egoísta» manifestar: «Yo sé que si lo piensas encontrarás una solución justa».

No inferir conclusiones precipitadas acerca del otro o de su mensaje. Por ejemplo: en vez de «Ya veo por dónde vas, ¿me estás diciendo que la culpa es mía?», dejar que el otro termine su discurso y decir: «No sé si interpreto bien lo que dices, pero responsabilidades de cada uno aparte, deberíamos encontrar una solución» o en vez de: «Como siempre, te estás preparando para llevarme la contraria», esperar a que acabe de hablar y decir: «Lo que deseo es llegar a un acuerdo, no averiguar quién tiene la culpa».

Algunas formas son:

Inhibidoras de la receptividad

Lugar y momento inapropiados. Por ejemplo: en la puerta del ascensor, mientras el interlocutor aprieta el botón de llamada, y nos dice que llega tarde al trabajo.

Estados emocionales que interfieran en la atención y la adecuada comprensión de los mensajes. Por ejemplo: airado, enfadado, angustiado, triste...

Acusaciones, amenazas y exigencias. Por ejemplo: «¡No voy a tolerar esto! ¡Te acordarás de mi!»; «¡O lo solucionas o puede acabar todo muy mal!»; «Tienes mala fe. No estás comportándote con honradez».

Etiquetar. Por ejemplo: «Eres egoísta»; «Eres desconsiderada»; «Eres insensible»...

Cortar la conversación abruptamente. Por ejemplo: «Es igual, no continúes, no hay nada que hacer».

Generalizar: «Nunca»; «Siempre». Por ejemplo: «Todo lo haces igual»; «Nunca has entendido nada»; «Siempre te equivocas».

Interpretar. Por ejemplo: «Ya sé por qué lo dices; crees que no me doy cuenta, piensas que yo no sabré hacerlo...».

Hablar no de lo que el otro dice, sino de cómo es: «Cuando dices estas cosas eres odioso»; «No quiero escuchar nada porque eres una histérica».

No escuchar. Por ejemplo: en vez de escuchar pensar otra cosa o preparar la respuesta.

Ser poco preciso: «Me gustaría cambiar las cosas...».

Inconsistencia e incoherencia en los mensajes: «Prefiero que no me hables, no me dices nada válido. Nunca dices lo que te gustaría, ni qué vamos a hacer; ¿alguna vez propondrás tú algo?» o «Quiero terminar esta discusión, no me iré de aquí hasta que reconozcas tu error».

En lo que a COMUNICACIÓN NO VERBAL se refiere, es primordial atender al:

Contacto ocular: Al parecer la existencia o no de este indicador es uno de los factores más importantes para el establecimiento de la comunicación adecuada. De hecho, es fácil admitir que resulta desagradable hablar con alguien que no mira a su interlocutor, dirige la mirada al vacío o parece estar pendiente de otra persona, de la pantalla del televisor o de lo que ve a través de la ventana. La ausencia de contacto ocular por sí sola genera una predisposición negativa a dialogar en la forma adecuada, dado que suele interpretarse como: «No le importa nada lo que digo»; «Es como si hablara con una pared»... Por el contrario, si la persona con quien hablamos nos mira, nos sentimos mejor dispuestos a entablar una conversación distendida, siempre y cuando, claro está, su mirada no sea de indignación, odio o similar.

Tono y timbre de la voz. El tono y timbre de la voz matizan de tal manera el contenido verbal de un mensaje, que este puede ser interpretado como un reproche, una acusación, una queja virulenta o una simple advertencia acerca de algo, según el tono y timbre que la acompañe. Con la sola modificación de este «indicador no verbal», puede pasarse de un estilo de comunicación aversivo y agresivo, a un diálogo correcto y constructivo.

La postura. La postura puede denotar escucha atenta, desinterés o alejamiento. No es lo mismo una postura distendida y cierto grado de proximidad física, que un alejamiento marcadamente notable y postura de aburrimiento. No es igual hablar con postura displicente que hacerlo con la inclinación debida hacia el interlocutor.

El gesto y el ademán. Son también moduladores del mensaje verbal. Los gestos pueden ser desabridos, amenazadores, calmados, denotando calma o manifestando crispación. Se puede gesticular de continuo, mover las manos nerviosamente o mantener un ademán que denote tranquilidad. Los gestos de la cara; de sorpresa, de incredulidad, de desazón, o por el contrario el rostro impávido, sin mover un músculo, pueden inducir una u otra respuesta, pueden ser coherentes o no con el mensaje hablado. Es algo que también debe cuidarse, a fin de que no exista incoherencia entre lo que queremos decir y cómo lo decimos. La incoherencia puede distorsionar la intención del mensaje y, a su vez, puede llevar al interlocutor a interpretaciones falsas acerca de su contenido.

Escuchar: Escuchar no es solo «estar quieto» mientras el otro habla. Que se escuche o no depende de la *intención*: se escucha realmente si la intención es:

– Comprender
– Alegrarse
– Aprender de
– Ayudar a
– etc.

En situación de conflicto muchas veces no se escucha. No estamos escuchando cuando:

- Ignoramos el contenido real en favor de asunciones específicas. Entiendo NO lo que el otro dice AHORA, sino que interpreto lo que quiere decir, habitualmente en función de lo que yo pienso. Ignoro lo que es obvio en función de lo que imagino.
- Nos dedicamos a pensar «cómo contestaré», sin averiguar el contenido real de lo que el otro dice.

Cuando se interrumpe la comunicación

Debido a cualquiera de las causas anteriormente mencionadas, la comunicación puede haberse interrumpido. Puede que haga mucho tiempo que no hablemos o que, si lo hacemos, siempre acabe en disputa, sin resolver nada.

En este caso hay que averigüar qué es lo que ocurre. Repasar las habilidades de comunicación y a la luz de las mismas identificar los errores, a fin de poder iniciar un nuevo diálogo más eficaz y más gratificante. Si al iniciar nuevas conversaciones se tienen en cuenta los requisitos para que estas no se vean interferidas de nuevo, es muy probable que la forma de conversar mejore.

Cuando la comunicación se ha interrumpido en el transcurso de una discusión, es decir, el tono de voz ha subido, ya no se atiende al mensaje en sí y las respuestas son hirientes, injustas, descalificadoras o similares, es el momento de terminar la discusión. Entonces hay que parar. Alguien debe tomar la iniciativa de hacerlo, mediante palabras parecidas a estas: «Vamos a dejarlo. Ahora no estamos en condiciones de discutir. Nos hemos violentado y no llegaríamos a ninguna parte. Hablaremos más tarde. Entretanto intentemos calmarnos y distraernos». Para que la pausa sea realmente beneficiosa, no debe aprovecharse la interrupción.

- Para ingerir cualquier excitante.
- Para pensar de forma que calentemos más los ánimos y acrecentemos la animosidad.
- Para preparar el discurso de revancha.

Cuando realmente se haya serenado el ánimo, y la disposición sea la de hablar ejerciendo las adecuadas habilidades de comunicación, podrá reanudarse el diálogo.

Recordad

- La comunicación implica un emisor, un mensaje y un receptor.
- Debemos cuidar las interferencias que puedan darse en los tres niveles.
- Interferencias debidas a esquemas preconcebidos, a mensajes poco claros, mal formulados, ambiguos. A interpretaciones desviadas por ideas previas acerca de la intención del mensaje recibido.
- Para que la comunicación sea adecuada, debemos tener en cuenta las habilidades de comunicación favorecedoras de la receptividad.
- La comunicación verbal es importante, pero los indicadores no verbales que la acompañan, también. La comunicación no verbal puede favorecer o distorsionar la intención y comprensión del mensaje inicial.
- Cuando la comunicación ha sido interrumpida debemos restaurarla, analizando los errores cometidos. Si la comunicación amenaza con romperse, es mejor cortar el diálogo y darse la oportunidad de reiniciarlo más tarde de la forma correcta.
- Escuchar de forma activa.

Apéndice 2
Cómo resolver problemas

Entendemos por resolución de problemas la interacción (discusión, negociación, enfrentamiento...) que se establece entre dos o más personas a fin de resolver una situación que ha generado disputa o conflicto entre ellas.

Para que las conversaciones que tengan lugar al intentar solucionar un conflicto sean provechosas habrá que tener en cuenta:

a) Las habilidades de comunicación.

b) La necesidad de una buena disposición y colaboración por ambas partes.

c) No iniciar las conversaciones de forma crispada, revanchista o crítica.

d) Evitar las reivindicaciones y las acusaciones; se trata de hallar una solución, no de machacar a nadie, ni de «ganar» cueste lo que cueste.

e) Ambas partes son responsables de hallar la solución debida y compete a los dos propiciar las condiciones para ello.

f) **Cuando hay varios problemas a solucionar, habrá que tratar de uno solo cada vez y evitar mezclarlos en una**

misma conversación. No es posible decidir a la vez la escuela a la qué irán los niños, cómo se resuelven las vacaciones y si se vende o no el piso.

g) **Cada uno de los problemas a discutir debe ser definido de forma específica y comprensible,** acotando el terreno, sin ambigüedades.

h) **Evitar las referencias al pasado. De hecho, se trata de hallar una solución, AQUÍ y AHORA,** por tanto todas las referencias al pasado relacionadas con el tema no van a servirnos de nada.

Para negociar hay que ser ASERTIVO. **Ser asertivo significa que se va a negociar respetando los propios derechos y los del otro.** Ello implica, por tanto, que no hay que actuar de forma agresiva ni avasalladora, pero tampoco de forma pasiva e inactiva. Por ejemplo: ni «Si no me das esto, te vas a enterar, voy a organizar un escándalo», ni «Bueno, no importa, decide tú, cualquier cosa estará bien». En el primer caso no se respetan los derechos del otro y en el segundo no se tienen en cuenta los tuyos. Si por el contrario dices: «No deseo renunciar a esto porque siempre tuvo un valor especial para mí, me gustaría que lo comprendieras. A la vez tú dime qué es lo que prefieres y podremos negociarlo, ¿no crees?». En este caso se está intentando tener en cuenta las necesidades de ambos.

Hay distintas estrategias de solución de problemas. Una de las más comunes es que, una vez formulado el problema en los términos precisos:

a) Buscar todas las soluciones y alternativas posibles.

b) Cada uno evalúa las ventajas y los inconvenientes de cada alternativa, por separado.

c) Se da una puntuación de 0 a 10 a cada ventaja y a cada inconveniente, por separado.

d) Coger cada una de las alternativas y sumar el total de puntuaciones de los dos referidas a ventajas; restando el total de los dos referidas a inconvenientes. Dicho cálculo se lleva a cabo con todas las alternativas.

e) Escoger la alternativa con una puntuación global más elevada. De hecho, será la alternativa adecuada porque se ha llevado a cabo un análisis exhaustivo y equitativo.

f) Decidir cómo, cúando, dónde y quién lo va a poner en práctica. Por ejemplo: Ana y Carlos discuten acerca de si sus hijos deberían ir a la escuela pública o a la escuela privada. Evalúan cada una de las dos posibilidades en función de los siguientes factores en sus aspectos positivo y negativo.

1. La cercanía o lejanía respecto al domicilio.

2. El coste económico.

3. La calidad de la enseñanza(que definen por presencia o no de idioma extranjero desde la infancia).

4. La existencia o no de instalaciones deportivas.

No están hablando en este caso de escuela en abstracto, sino de dos opciones referidas a escuelas concretas que conocen. Vamos a llamar «escuela A» a la pública y «escuela B» a la privada.

Ana ha evaluado de la siguiente forma:

Ventajas de la escuela A:

Más cercana .... 10 puntos
Menos costosa .... 7 puntos

Total ventajas escuela A: 17 puntos

Inconvenientes de la escuela A:

Los más pequeños no hacen idioma
extranjero........................... 10 puntos
No tienen grandes instalaciones deportivas 6 puntos

Total inconvenientes escuela A: 16 puntos

Ventajas de la escuela B:

Aprenden un idioma desde pequeños .... 9 puntos
Grandes instalaciones deportivas .... 7 puntos

Total ventajas escuela B: 16 puntos

Inconvenientes de la escuela B:

Está muy lejos de casa................. 10 puntos
Es muy cara........................ 7 puntos

Total inconvenientes escuela B: 17 puntos

Carlos, a su vez, ha evaluado de la siguiente forma:

Ventajas de la escuela A:

Más cercana	10 puntos
Menos costosa	10 puntos
Total ventajas escuela A:	20 puntos

Inconvenientes de la escuela A:

Los más pequeños no hacen idioma extranjero...........................	8 puntos
No tienen grandes instalaciones deportivas	4 puntos
Total inconvenientes escuela A:	12 puntos

Ventajas de la escuela B:

Aprenden un idioma desde pequeños	10 puntos
Grandes instalaciones deportivas........	6 puntos
Total ventajas escuela B:	16 puntos

Inconvenientes de la escuela B:

Está muy lejos de casa................	10 puntos
Es muy cara.........................	10 puntos
Total inconvenientes escuela B:	20 puntos

Una vez Ana y Carlos han evaluado las opciones A y B, deberán sumar las puntuaciones referidas a las ventajas e inconvenientes de cada una de ellas. Así resultará:

Opción A:

Suma de ventajas

Anna	17 puntos
Carlos	20 puntos
Total:	37 puntos

Suma de inconvenientes

Anna	16 puntos
Carlos	12 puntos
Total:	28 puntos

Restando la puntuación de inconvenientes de la de ventajas, tendremos: 37 − 28 = 9 puntos para la Opción A.

Veamos ahora qué ocurre con la Opción B:

Suma de ventajas

Anna	16 puntos
Carlos	16 puntos
Total:	32 puntos

Suma de inconvenientes

Anna	17 puntos
Carlos	20 puntos
Total:	37 puntos

Restando la puntuación de inconvenientes de la de ventajas, tendremos –5 puntos para la Opción B.

En este caso, por tanto, la solución parece ser la opción A después de que cada uno ha sospesado los pros y contras de cada opción.

Terminado este proceso, solo queda determinar cúando, cómo y por quién va a llevarse a cabo la solución adoptada. En algunos casos, como podría ser el que nos ocupa, podría redondearse el acuerdo adoptando medidas complementarias. Por ejemplo: dado que, observando las respectivas puntuaciones parece que ambos dan bastante importancia al hecho de iniciar un idioma desde pequeños, y esto no va a ocurrir en la Opción A, puede arbitrarse que los niños recibirán enseñanza de un idioma extranjero de forma extraescolar. En otros casos las soluciones son más de dos o resultan más ambigüas. Por ejemplo: ¿quién se queda con el piso que es de los dos?

Soluciones:
a) ¿Seguimos compartiendo la propiedad?
b) ¿Lo vendemos y nos repartimos el dinero?
c) ¿Cede uno al otro su parte?

d) ¿Compra uno al otro su parte?

e) ¿..............?

En este caso se puede evaluar cada opción en función de que sea **practicable** y resulte **eficaz**.

Quizás es practicable vender el piso, pero poco eficaz dadas las circunstancias, ya que ambos deberán buscar entonces una vivienda nueva.

Puede ser eficaz que el que se va de casa venda su parte, a fin de aumentar el poder adquisitivo para establecerse mejor; pero podría ser que el otro a su vez no pueda, al menos de inmediato, pagarle lo que le debe, o aunque pueda hacerlo no esté en condiciones de mantener la vivienda, que resulta demasiado costosa.

Por tanto deberán evaluarse cuidadosamente todas y cada una de las opciones, viendo si se pueden llevar a cabo y si es previsible que reporten ayuda de algún tipo.

También en este caso el grado de practicidad y eficacia puede evaluarse de 0 a 10, en la forma que hemos visto anteriormente.

Muchas personas, no obstante, encuentran engorrosos estos métodos y dicen que no quieren pormenorizar tanto. El hecho de puntuar ventajas y desventajas se recomienda a fin de evaluar pros y contras de la forma más exhaustiva y objetiva posible. Si conviene puede prescindirse de la puntuación, pero no así de la evaluación de los aspectos positivos y de los negativos de cada alternativa si quieren agotarse las posibilidades.

Hay otras maneras de buscar soluciones. Por ejemplo, una de ellas puede ser que cada uno confeccione una lista. En esta lista anota:

a) ¿Qué es lo que yo deseo?
b) ¿Qué es lo que creo que desea el otro?
c) ¿Qué creo que podemos pactar?

Ejemplo: Toni y Eva discuten acerca de la mejor manera de pactar las fiestas de Navidad Año Nuevo y Reyes. Eva arguye que las fiestas de Navidad siempre se han celebrado en casa de sus padres, quienes poseen un chalet en la montaña, donde se reúnen todos los hijos y nietos (son una familia bastante numerosa), y que esas fiestas revisten allí un encanto especial del que sería muy doloroso privar a los niños. Desearía por tanto que siempre pasen la Navidad con ella y el Año Nuevo con su padre. Toni por su parte considera injusto tener que renunciar para siempre a pasar con sus hijos la Navidad. Eva además opina que el día de Reyes también sería mejor que estuvieran con ella, dado que los abuelos maternos celebran ese día con un desayuno especial para todos los nietos y sus hijos no deberían faltar. Por la tarde ya irán a casa de su padre a recoger los juguetes. A pesar de la diferencia de opiniones, ambos están de acuerdo en pensar otras soluciones y cada uno hará su lista y generará nuevas propuestas.

Lista de Toni

¿Qué quisiera yo?
Evidentemente pasar el máximo de tiempo posible con nuestros hijos durante las fiestas. Podríamos alternar la Navidad y el Año Nuevo un año cada uno, y el día de Reyes en absoluto puedo esperar a la tarde para ver a mis hijos.

¿Qué creo que querrías tú?
Pasar las Navidades y Reyes siempre con los niños y tu familia. Reservar para mi el Año Nuevo y un poco de tiempo para Reyes.

¿Qué creo que podemos pactar?
Alternar un año cada uno las Navidades, el otro los tendrá en Año Nuevo. Si tus padres no estuvieran fuera de la ciudad podríamos pactar Nochebuena en su casa y Navidad en la mía o viceversa, pero dado que están lejos esto no es factible.

El día de Reyes también un año en cada casa, pero si están en la mía no me importaría, después de que hayan visto sus regalos, llevarlos a casa de tus padres para que se encuentren con los primos. Si están en la tuya me gustaría que después del desayuno familiar los acompañaras a mi casa.

Lista de Eva

¿Qué quisiera yo?
Tener a mis hijos conmigo en Navidad y Reyes, no solo por mí, sino por mis padres, que ya son muy mayores y disfrutan enormemente con todos los nietos.

¿Qué creo que querrías tú?
Tenerlos también en Navidad y no solo en Año Nuevo, y que tus padres también puedan verlos en esas fiestas. Y en Reyes tenerlos pronto en casa.

¿Qué creo que podemos pactar?
Este año por ser el primero me gustaría tener yo a los chicos por Navidad y tú el año próximo. Podríamos alternar Navidad y Año Nuevo, un año cada uno. El día de Reyes quizás podría llevarlos a tu casa al mediodía.

Observemos cómo con este simple ejercicio las posiciones se han ido acercando y las propuestas a pactar ya no son tan distantes como podrían serlo si se tuvieran solo en cuenta los deseos que inicialmente muestra cada uno. A partir de aquí a Toni y Eva les fue mucho más fácil llegar a un acuerdo.

Esto implica ciertamente que, además de poner en práctica todo lo dicho anteriormente para facilitar la resolución de un problema, sea uno capaz de ejercer la suficiente EMPATÍA. Ello significa ser capaz de situarse en el punto de mira del otro y juzgar el asunto desde su perspectiva, y de acuerdo con su modo de ser y pensar. Que no es lo mismo que ponerme en su lugar, pero con mi forma de ser. Frecuentemente decimos: «¡Ponte en su lugar!», pero cuando lo hacemos solemos ponernos en el lugar del otro pero desde nuestra propia perspectiva. Las listas anteriores muestran que, cuando uno intenta situarse de verdad en el punto de mira del otro, puede entender mejor su postura y acercar los pareceres.

Supongamos otro ejemplo:

Jorge y Trini discuten acerca de cómo repartirse los ahorros conjuntos que hasta ahora han tenido en una cuenta común. Trini dice que al 50%, mientras que Carlos opina que no es justo. Al final acuerdan elaborar sus propias listas y propuestas.

Lista de Trini

¿Qué quisiera yo?
Repartir este dinero al 50%. Me parece justo, porque aun cuando tú arguyes que tu sueldo ha sido siempre mayor que el mío, creo que hay otras cosas aparte del sueldo que han contribuido al ahorro, y que yo he propiciado.

¿Qué creo que querrías tú?
Me parece que tú quisieras repartirlo a tantos por ciento distintos, acorde con la proporción del salario de cada uno. Ya sé que piensas que has trabajado muy duramente a lo largo de todos estos años.

¿Qué creo que podemos pactar?
Propongo pactar algún tipo de reparto que no esté únicamente basado en los ingresos mutuos. Otra solución podría ser destinar un tercio de los ahorros a constituir un fondo de provisión para los extras que ocasionen los niños. El resto podría dividirse el 60% para ti y el 40% para mí.

Lista de Jorge

¿Qué es lo que yo querría?
Yo quisiera dividirlo teniendo en cuenta la aportación de cada uno, en base al salario que percibe. Esto significaría el 75% para mí y el 25% para ti.

¿Qué creo que querrías tú?
Supongo que tú querrías dividirlo al 50%. Seguramente opinas que no es bastante justo hacerlo de otra forma, porque los dos hemos trabajado mucho.

¿Qué creo que podemos pactar?
Podemos pactar algún tipo de división que no sea la que yo propongo, pero tampoco el 50%. Por ejemplo, el 65% para mí y el 35% para ti.

Nuevamente las posiciones se han ido aproximando. Después de confeccionar sus listas, Jorge y Trini se hallan ya más próximos a la negociación. Cada uno se ha esforzado para entender el punto de vista del otro. Si además de formular la propuesta se añade algún comentario explicativo, por un lado suministramos información de lo que pensamos y por el otro mostramos nuestra comprensión.

A la hora de negociar hemos de recordar una serie de principios básicos:

1. El conflicto es inevitable. No siempre la gente puede estar de acuerdo, todas las parejas discuten de vez en cuando, aunque no estén enfrentadas.

2. Hay que evitar todo tipo de estrategia aversiva. Las amenazas, los métodos coactivos, etc., no suelen ser eficaces, a la vez que propician un mayor enfrentamiento.

3. Es preciso separar los sentimientos y necesidades mutuos (que cada uno puede y debe expresar libremente) de la solución. Puede que la más adecuada no coincida totalmente con lo que hubiéramos deseado.

4. Negociar implica dos partes, con intereses importantes y habitualmente legítimos para ambas, pero a veces opuestos.

5. Hay que atender a lo que sea más interesante, no a la propia postura. Hay que encontrar salidas y soluciones, no atrincherarse defendiendo posiciones.

6. Es preciso hacer un esfuerzo para encontrar opciones que puedan conducir al acuerdo. Lo mejor es hallar un compromiso que beneficie a ambas partes. No se trata de ganar al otro haciendo prevalecer la propia postura.

7. Hay que ser flexible. No encasillarse pensando que solo una solución es la idónea.

Resumiendo, se puede negociar eficazmente. Lo que no priva que sea laborioso, a veces lento y difícil según las circunstancias que acompañan a cada caso, pero es posible.

Recordad

- Hablar de los problemas uno a uno.
- Formularlos de forma objetiva, concisa y clara.
- Tener en cuenta la asertividad.
- Valorar el punto de vista del otro, desde su perspectiva (empatía).
- Buscar todas las soluciones posibles, sin ánimo de hacer prevalecer una sola.
- Evitar a toda costa las amenazas, las críticas y todas las manifestaciones tendentes a coartar la negociación. Controlar la ira.

Agradecimientos

A Jordi Nadal, mi editor, por darme la oportunidad de ampliar, actualizar y reeditar este libro.

A Josep Toro, por su magisterio, que nunca agradeceré lo bastante.

A todo el equipo de Plataforma por su trabajo eficaz y entusiasta.

A todos mis compañeros de Galton por su ánimo y amistad.

Su opinión es importante.
En futuras ediciones, estaremos encantados
de recoger sus valoraciones sobre este libro.
Por favor, háganoslas llegar a través de nuestra web:

www.plataformaeditorial.com